CHRISTIAN KLAGES

SO GEHT RECHT

CHRISTIAN
KLAGES

SO
GEHT
RECHT

Was du darfst und andere nicht
Die wichtigsten Rechtsfragen kurz
und verständlich erklärt

riva

Bibliografische Information der Deutschen Nationalbibliothek
Die Deutsche Nationalbibliothek verzeichnet diese Publikation in der Deutschen
Nationalbibliografie. Detaillierte bibliografische Daten sind im Internet über
http://dnb.d-nb.de abrufbar.

Für Fragen und Anregungen
info@rivaverlag.de

Wichtiger Hinweis
Ausschließlich zum Zweck der besseren Lesbarkeit wurde auf eine genderspezifische Schreib-
weise sowie eine Mehrfachbezeichnung verzichtet. Alle personenbezogenen Bezeichnungen
sind somit geschlechtsneutral zu verstehen.

Originalausgabe
1. Auflage 2023
© 2023 by riva Verlag, ein Imprint der Münchner Verlagsgruppe GmbH
Türkenstraße 89
80799 München
Tel.: 089 651285-0
Fax: 089 652096

Redaktion: Dr. Annalisa Viviani
Umschlaggestaltung: Marc-Torben Fischer
Umschlagabbildung: © Christian Klages
Abbildung im Innenteil: © shutterstock.com / OLYVIA (Kapitelaufmacher)
Satz: abavo GmbH, Buchloe
Druck: CPI books GmbH, Leck
Printed in the EU

ISBN Print 978-3-7423-2314-9
ISBN E-Book (PDF) 978-3-7453-2106-7
ISBN E-Book (EPUB, Mobi) 978-3-7453-2107-4

Weitere Informationen zum Verlag finden Sie unter

www.rivaverlag.de
Beachten Sie auch unsere weiteren Verlage unter www.m-vg.de

INHALT

VORWORT 7

IHRE RECHTE ALS MIETER UND
VERMIETER 9

IHRE RECHTE ALS ARBEITNEHMER
UND ARBEITGEBER 35

IHRE RECHTE IM STRASSENVERKEHR . . . 93

IHRE RECHTE UND PFLICHTEN IM ALLTAG 131

WAS DARF EIGENTLICH DIE POLIZEI?
UND WELCHE RECHTE UND
PFLICHTEN STEHEN MIR ZU? 149

ÜBER DEN AUTOR 189

VORWORT

Liebe Leser,

den meisten von Ihnen bin ich sicherlich eher durch die Social-Media-Kanäle auf TikTok, Instagram und YouTube bekannt. Ich habe dort im Jahre 2021 begonnen, Rechtstipps in sogenannten Kurzvideos bis zu einer Länge von maximal einer Minute hochzuladen. Von der Resonanz, das heißt von den Zuschauerzahlen und den Abonnentenzahlen, bin ich völlig überrascht worden. Zahlreiche Videos haben mehrere Millionen Aufrufe. Das meistgeschaute Video hat gar mehr als sieben Millionen Aufrufe.

Aufgrund des anhaltenden Interesses entstand die Idee, die bereits in Videoform vorhandenen Rechtstipps für Sie im Rahmen eines Buches zum Nachlesen niederzuschreiben. So haben Sie die Möglichkeit, unterteilt nach den jeweiligen Rechtsgebieten Mietrecht, Arbeitsrecht, Verkehrsrecht, Verbraucherrecht und Ihren Rechten und Pflichten gegenüber der Polizei diese Tipps in etwas ausführlicherer Form nachzulesen. In Form eines Buches haben Sie dann sozusagen Ihre Rechte immer in der Hand und griffbereit.

Zudem habe ich festgestellt, dass nicht nur auf Social Media, sondern auch im gesamten Internet im Hinblick auf Ihre Rechte ganz viel gefährliches Halbwissen verbreitet wird. Durch meine Social-Media-Kanäle und insbesondere auch durch dieses Buch möchte ich Sie gerne im Hinblick auf Ihre Rechte aufklären und zugleich den zahlreichen im Netz existierenden Unwahrheiten und Falschinformationen entgegentreten.

Ich wünsche Ihnen ganz viel Spaß und Freude beim Lesen!

IHRE RECHTE ALS MIETER UND VERMIETER

WELCHE SIND DIE HAUPTPFLICHTEN DES VERMIETERS? UND WELCHE SIND SEINE NEBENPFLICHTEN?

Die Hauptpflichten des Vermieters ergeben sich aus § 535 Abs. 1 BGB. Dazu gehört zunächst die vertragsgemäße Gebrauchsüberlassung der Mietsache. Außerdem ist der Vermieter zur Instandhaltung, so zum Beispiel zur Reparatur von Mängeln während der Mietzeit verpflichtet. Oftmals findet sich in Mietverträgen eine Regelung zu den sogenannten Schönheitsreparaturen. Diese werden darin häufig per Allgemeinen Geschäftsbedingungen (AGB) auf den Mieter abgewälzt. Dies verstößt zwar grundsätzlich nicht gegen § 307 BGB, allerdings darf diese Abwälzung auf den Mieter nicht unbillig/unklar sein. Den Vermieter treffen zudem Schutzpflichten gemäß § 241 Abs. 2 BGB für die Rechtsgüter des Mieters. Dazu zählt auch, dass der Vermieter die Mietkaution nach Beendigung des Mietverhältnisses nach Ablauf einer angemessenen Prüfungsfrist (circa drei bis sechs Monate) zurückzahlen beziehungsweise mit noch offenen Forderungen abrechnen muss.

WELCHE SIND DIE HAUPTPFLICHTEN DES MIETERS?

Die Hauptpflichten des Mieters ergeben sich aus § 535 Abs. 2 BGB. Dazu gehört zunächst die Zahlung der Miete inklusive Betriebskosten und die Ausführung der ihm in der Regel übertragenen Schönheitsreparaturen, falls die Klausel wirksam geschlossen wurde. Gemäß § 320 BGB ist die Miete erst ab Gebrauchsüberlassung geschuldet, sie erfolgt in der Regel durch Einzug in die Wohnung. Auch den Mieter treffen Nebenpflichten gemäß § 241 Abs. 2 BGB. Dazu gehört insbesondere die Einhaltung des vertragsgemäßen Gebrauchs der Mietsache.

DARF DER VERMIETER EINEN WOHNUNGSSCHLÜSSEL BEHALTEN?

Grundsätzlich gibt es kein Recht, das besagt, dass der Vermieter einen Schlüssel einbehalten darf. Dies hat das Oberlandesgericht Celle am 05.10.2006 (Az. 13 U 182/06) entschieden. Als Mieter kann man dem Vermieter aber die Zustimmung erteilen, sodass dieser im Notfall, zum Beispiel bei einem Wasserrohrbruch, die Wohnung betreten kann. Das sollte am besten schriftlich erfolgen. Ansonsten darf der Vermieter nie ohne Absprache die Wohnung betreten. Sollte der Vermieter den Zweit- oder Drittschlüssel jedoch nicht herausgeben, stehen dem Mieter mehrere Rechte zu. So kann man beispielsweise bei Betreten der Wohnung durch den Vermieter den Mietvertrag fristlos kündigen, die Herausgabe des Schlüssels verlangen oder sogar das Schloss auswechseln lassen. Die Kosten dafür trägt dann selbstverständlich der Vermieter. Man kann als Mieter jedoch auch den Zweit- oder Drittschlüssel bei Nachbarn oder Freunden hinterlegen, sodass kein Streit mit dem Vermieter entsteht.

Praxistipp: Achten Sie bei Unterschrift eines neuen Mietvertrages am besten darauf, ob es darin eine Klausel gibt, nach welcher der Vermieter einen Schlüssel einbehalten darf. Dies ist nämlich nicht rechtens, und der Vertrag muss so nicht unterschrieben werden.

DARF ICH MEINEN KINDERWAGEN IM HAUSFLUR ABSTELLEN?

Im Allgemeinen gehört der Hausflur beziehungsweise das Treppenhaus zu den mitvermieteten Gemeinschaftsflächen und darf von allen Mietern genutzt werden. Das Abstellen von Gegenständen, die gebraucht werden, ist daher in der Regel auch ein vertragsmäßiger Gebrauch dieser Flächen. Gemäß der Hausordnung oder des Mietvertrags kann auch das Abstellen von Kinderwagen im Treppenhaus untersagt sein. Wichtig ist hier jedoch, dass ein generelles Verbot oftmals unwirksam ist, zum Beispiel dann, wenn die betreffende Mietpartei keinen anderen Platz hat, um den Kinderwagen abzustellen. Wohnen Eltern im zweiten Stock oder höher und ist kein Fahrstuhl vorhanden oder dieser zu klein, kann ein Kinderwagen nach den Grundsätzen des Mietrechts im Treppenhaus abgestellt werden.

KANN ICH MEINEN MIETVERTRAG AUCH MÜNDLICH SCHLIESSEN?

Ein mündlicher Mietvertrag entsteht, wenn ein mündliches Angebot eines Vertragspartners vom anderen angenommen wird. Dieses Angebot umfasst, ebenso wie ein schriftlicher Mietvertrag, die Einigung über die wesentlichen Bestandteile des Vertrags. Die wesentlichen Bestandteile sind die jeweiligen Vertragsparteien, der Mietgegenstand, der Zeitpunkt des Einzugs, die Dauer des Mietverhältnisses sowie die Höhe des Entgelts. Für mündliche Mietverträge gelten, ebenso wie für schriftliche, die im BGB ab § 549 ff. festgehaltenen Rechte und Pflichten. Entscheidend für den Abschluss eines mündlichen Mietvertrags ist, dass sich beide Parteien über dasselbe im Klaren waren, da ansonsten eine Anfechtung wegen Irrtum gemäß § 119 BGB möglich wäre. Wird der Mietvertrag für länger als ein Jahr nicht schriftlich geschlossen, gilt er als unbefristet und kann frühestens ein Jahr nach der Überlassung gekündigt werden. Diese Vorschriften gelten für Wohnräume ebenso wie für Geschäftsräume oder Ferienwohnungen. Letztere haben zwar gewisse Sondervorschriften für Vermietungen, die aber lediglich dem Vermieterschutz dienen, indem beispielsweise Kündigungen erleichtert werden.

MUSS ICH DIE MIETE ZWINGEND AM ANFANG DES MONATS ZAHLEN?

Die Fälligkeitsregelung gilt für die Miete von Wohnraum und sonstigen Räumen gemäß § 579 Abs. 2 BGB. Die Miete ist zu Beginn des Mietverhältnisses zu entrichten, spätestens bis zum dritten Werktag der einzelnen Zeitabschnitte. Der Bundesgerichtshof hat auch klargestellt (Urteil vom 13.07.2010, VIII ZR 129/09), dass der Samstag wie der Sonntag (Feiertag) nicht als Werktag anzusehen ist, sodass sich bei Ablauf der Dreitagefrist am Samstag oder Sonntag beziehungsweise Feiertag die Fälligkeit auf den Ablauf des darauffolgenden Werktags verschiebt. Den Zahlungsort und Zahlungszeitpunkt regelt § 556b BGB nicht, sodass gemäß §§ 269, 270 BGB die rechtzeitige Leistung des Mieters an dem Ort ausreicht, an dem er bei Entstehung des Schuldverhältnisses seinen Wohnsitz hatte, also im Regelfall am Ort der Mietwohnung. Bei Banküberweisung reicht die rechtzeitige Veranlassung der Überweisung – Kontodeckung vorausgesetzt – bei dem Kreditinstitut aus, mit dem der abgeschlossene Girovertrag fortbesteht. Das Risiko, dass die Gutschrift auf dem Konto des Wohnraumvermieters erst nach Ablauf des dritten Werktags erfolgt, trägt der Vermieter, wenn er nicht mit dem Mieter vereinbart hat, dass es für die Rechtzeitigkeit der Mietzahlung auf den Eingang auf dem Vermieterkonto ankommt.

DARF DER VERMIETER HUNDE- ODER KATZENHALTUNG IM MIETVERTRAG AUSSCHLIESSEN?

Der Bundesgerichtshof hat sich hierzu in einer Reihe von Grundsatzentscheidungen geäußert. In einer ersten Entscheidung aus dem Jahr 2012 (Hinweisbeschluss des BGH vom 25.09.2012 – VIII ZR 329/11; bestätigt durch Senatsbeschluss vom 22.01.2013 – VIII ZR 329/11) hatte der Bundesgerichtshof sich mit der Frage auseinanderzusetzen, ob eine Klausel im Mietvertrag, die eine Haustierhaltung (mit Ausnahme von Kleintieren) von einer in das freie Ermessen des Vermieters gestellten Erlaubnis abhängig machte, wirksam ist. Der Senat war insoweit der Auffassung, dass eine solche Klausel einen schrankenlosen Erlaubnisvorbehalt des Vermieters darstelle, für den kein berechtigtes Interesse erkennbar ist. Eine solche Klausel sei daher wegen der entsprechenden unangemessenen Benachteiligung des Mieters gemäß § 307 BGB unwirksam. In einer weiteren Entscheidung aus dem Jahr 2013 (BGH, Urteil vom 20.03.2013 – VIII ZR 168/12) stellte der BGH sodann fest, dass eine mietvertragliche Klausel, der zufolge der Mieter generell verpflichtet ist, keine Hunde und Katzen zu halten, erst recht unwirksam ist. Denn eine Klausel, welche die Möglichkeit einer vorherigen Zustimmung zur Hunde- oder Katzenhaltung grundsätzlich und von vornherein ausschließt, sei erst recht unwirksam.

MUSS MAN DEM VERMIETER BEIM AUSZUG DREI NACHMIETER ANBIETEN?

Überall steigen die Mieten, jeder kennt einen, der einen kennt … Das klassische Problem der Wohnungssuche, gerade in Großstädten. Werde ich nun als Mieter vorher aus meinem Mietvertrag entlassen, und kann ich meine neue Wohnung beziehen, wenn ich meinem Vermieter drei potenzielle Nachmieter vorschlage? Grundsätzlich ist man an eine dreimonatige Kündigungsfrist gebunden. Nach dem Gesetz gibt es kein Recht, das dem Mieter erlaubt, durch diese Mithilfe vorher aus einem Mietvertrag entbunden zu werden. Sollte der Vermieter damit einverstanden sein, dass man als Mieter die Suche nach einem Nachmieter übernimmt, kann dieser aber immer noch alle Bewerber ablehnen und ist nicht verpflichtet, sich für einen der drei vorgestellten Nachmieter zu entscheiden. Es gibt kein Recht oder keine Pflicht für den Vermieter, den Mieter vorher aus dem Mietvertrag zu lassen. Selbstverständlich kann der Vermieter aus Kulanzgründen eine Absprache mit dem aktuellen Mieter und dem potenziellen Nachmieter treffen, sodass alle Parteien glücklich sind und beide zu einem früheren Zeitpunkt die gewünschte neue Wohnung beziehen können.

MUSS ICH BEIM AUSZUG DIE WOHNUNG RENOVIEREN?

Es gibt keine gesetzliche Pflicht für den Mieter, dass dieser beim Auszug die Wohnung renovieren muss. Vielmehr treffen den Vermieter die gesetzlichen Instandhaltungspflichten. Oftmals werden diese Pflichten aber im Mietvertrag durch versteckte Klauseln auf den Mieter abgewälzt. Doch ist dies rechtens? Pauschale Antwort: Nein! Es ist zum Beispiel unzulässig, eine Klausel aufzunehmen, in der steht, dass der Mieter bei Auszug die Wände weiß streichen muss. Sollte man als Mieter die Wohnung dennoch frisch gestrichen haben, weil es im Mietvertrag so vereinbart war, und erfährt man erst später, dass man das nicht hätte tun müssen, so kann man die Kosten vom Vermieter zurückverlangen. Ein weiterer Hinweis in Mietverträgen ist zudem das Wort »besenrein«. Demzufolge muss die Wohnung grob gereinigt werden, eine ausführliche und sehr umfangreiche Reinigung ist nicht erforderlich. Zudem sollte bei Auszug ein Übergabeprotokoll erstellt werden. Dabei wird die Wohnung im leeren Zustand besichtigt und alle Schäden werden festgestellt.

Praxistipp: Ein solches Protokoll empfiehlt sich natürlich auch beim Einzug in eine neue Wohnung!

MUSS ICH DEN VERMIETER JEDERZEIT IN MEINE WOHNUNG HINEINLASSEN?

Um Einlass in die vier Wände des Mieters zu bekommen, benötigt der Vermieter einen berechtigten Grund. Den hat er, wenn zum Beispiel Heizkostenverteiler oder Wasseruhren abgelesen werden müssen, wenn er gemeldete Mängel oder Reparaturen begutachten will oder einen begründeten Verdacht hat, dass die Wohnung nicht vertragsgemäß genutzt wird – der Mieter etwa Tiere hält, die Wohnung untervermietet oder verwahrlosen lässt. Auch wenn der Eigentümer die Wohnung Mietinteressenten zeigen möchte, hat er ein Recht, sie zu betreten.

MUSS MAN EINE ERHÖHUNG DER BETRIEBSKOSTENVORAUSZAHLUNG AKZEPTIEREN?

Das Anpassungsrecht des Vermieters setzt eine inhaltlich korrekte Abrechnung voraus. Eine lediglich formell ordnungsgemäße Abrechnung reicht entgegen der früheren Rechtsprechung des Bundesgerichtshofs nicht mehr aus. Dies bedeutet, dass die Abrechnung nicht nur keine grundsätzlichen strukturellen (formellen) Fehler aufweisen darf, zum Beispiel falscher Abrechnungszeitraum, Unverständlichkeit, fehlende Nachvollziehbarkeit. Die Abrechnung darf nach der neueren Rechtsprechung auch keine inhaltlichen (materiellen) Fehler aufweisen, beispielsweise Rechenfehler, unzulässiger Ansatz oder unzutreffende Höhe einzelner Betriebskostenpositionen, falscher Umlageschlüssel. Eine Anpassung der Vorauszahlungen durch den Vermieter nach § 560 Abs. 4 BGB setzt nicht voraus, dass die vorangegangene Abrechnung zu einer Nachforderung des Vermieters geführt hat. Bei einer verspäteten Nachforderung sieht das Gesetz über den Nachforderungsausschluss hinaus keine Sanktion für die verspätete Abrechnung vor. Auch eine verspätete

Abrechnung liefert einen schlüssigen Anhaltspunkt für die zukünftige Entwicklung der Kosten. Eine Anpassung der Vorauszahlungen ist daher auch nach verspäteter Abrechnung zulässig.

MUSS ICH DIE KOMPLETTE MIETE WEITERZAHLEN, WENN MEIN PARTNER ODER MEIN WG-MITBEWOHNER AUSZIEHT?

Grundsätzlich haften alle Mieter, sofern sie auch im Mietvertrag aufgeführt sind, gesamtschuldnerisch für sämtliche Verbindlichkeiten aus dem Mietverhältnis gegenüber dem Vermieter. Dazu gehört selbstverständlich auch die Miete. Der Vermieter kann sich also bezüglich der monatlich fälligen Mietzahlung an eine der Mietvertragsparteien wenden. Intern, also zwischen den einzelnen Mietparteien, besteht hingegen auch ein interner Ausgleichsanspruch bezüglich der Miete. Sofern nunmehr ein Mieter aus der Wohnung auszieht, ohne dass das Mietverhältnis durch übereinstimmende Erklärung sämtlicher Mieter gegenüber dem Vermieter gekündigt wird und eine Mietpartei in der Wohnung verbleibt, das Mietverhältnis also weiterführt und vor allem die Miete weiterzahlt, stellt sich die Frage, ob der verbleibende Mieter weiterhin einen Zahlungsanspruch bezüglich des anteiligen Mietbetrags gegenüber dem »Ausziehenden« hat? Grundsätzlich steht der verbleibenden Mietpartei gemäß § 426 Abs. 2 BGB ein Ausgleichsanspruch wegen der anteiligen Mietzahlungen gegenüber der ausgezogenen Partei zu. Jedoch ist in der Rechtsprechung anerkannt, dass der Anspruch beziehungsweise die Mithaftung des »ehemaligen Mitmieters« auf Mietzahlung in zeitlicher Hinsicht beschränkt ist. Grundsätzlich wird der verbleibenden Mietpartei eine entsprechende Überlegungsfrist eingeräumt, ob sie weiterhin in der Wohnung verbleiben möchte und entsprechend die Miete vollumfänglich alleine zahlt oder ob sie die Wohnung kündigt und das Mietverhältnis entsprechend beendet.

Generell dürfte ein Zeitrahmen von drei Monaten bestehen, der sich an der gesetzlichen Kündigungsfrist von drei Monaten einer Mietpartei orientiert. Jedoch können im Einzelfall auch längere Zeiträume für eine Kündigung beziehungsweise Überlegungsfrist bestehen, sodass auch ein entsprechend längerer Ausgleichsanspruch gegenüber der ausziehenden Partei bestehen dürfte.

KANN DER VERMIETER BEI ZAHLUNGS-RÜCKSTAND EINE FRISTLOSE KÜNDIGUNG AUSSPRECHEN?

Gemäß § 543 Abs. 2 Nr. 3a BGB kann ein Mietverhältnis fristlos gekündigt werden, wenn der Mieter für zwei aufeinanderfolgende Termine mit der Entrichtung der Miete oder eines nicht unerheblichen Teils der Miete in Verzug ist. Ein »nicht unerheblicher« Mietrückstand liegt gemäß § 569 Abs. 3 S. 1 BGB vor, wenn der Mietrückstand die Miete für einen Monat übersteigt. Ergibt sich der Mietrückstand aus zwei aufeinanderfolgenden Mieten, reicht demnach ein Mietrückstand von einer Warmmiete plus 0,01 Euro. Ein die fristlose außerordentliche Kündigung rechtfertigender Zahlungsrückstand liegt ebenfalls vor, wenn gemäß § 543 Abs. 2 Nr. 3b BGB der Mieter in einem Zeitraum, der sich über mehr als zwei Termine erstreckt, mit der Entrichtung der Miete in Höhe eines Betrags in Verzug befindet, der die Miete für zwei Monate erreicht. Diese Variante greift folglich in dem Fall der regelmäßigen Minderzahlungen. Es ist unerheblich, aus welchen Monatsmieten sich der Mietrückstand zusammensetzt. Der Mietrückstand kann sich hier auch aus offenen Mieten von vor einigen Jahren zusammensetzen. Entscheidend ist einzig, dass der Mietrückstand zwei Monatswarmmieten übersteigt.

MUSS DER VERMIETER VOR DER KÜNDIGUNG DEN MIETER ABMAHNEN? UND WAS PASSIERT, WENN DER MIETER NACH ZUSTELLUNG DER FRISTLOSEN KÜNDIGUNG DIE MIETRÜCKSTÄNDE ZAHLT?

Nein! In den Fällen des § 543 Abs. 2 Nr. 3 BGB bedarf es keiner Abmahnung. Sollte der Mieter nach Zugang der außerordentlichen fristlosen Kündigung sämtliche Mietrückstände zahlen, wird die fristlose Kündigung nachträglich unwirksam. Diese letzte Zahlungsfrist endet zwei Monate nach Zustellung der Räumungsklage. Dies hat zur Folge, dass der Mieter ohne Einreichung einer Klage unbefristet die Möglichkeit hat, die Kündigung durch Zahlung der offenen Mieten unwirksam werden zu lassen. Es besteht folglich ohne Klage nie Rechtssicherheit für den Vermieter. Die außerordentliche fristlose Kündigung wird ebenfalls unwirksam, wenn eine öffentliche Stelle sämtliche rückständigen Mieten zahlt oder eine Erstattung der offenen Mieten verbindlich zusagt. Dieses Recht steht dem Mieter jedoch nur einmal innerhalb von zwei Jahren zu. Wurde eine Kündigung wegen Zahlungsverzugs innerhalb der letzten zwei Jahre schon einmal ausgesprochen und ist aufgrund der vollständigen Zahlung sämtlicher offenen Mieten unwirksam geworden, kommt die Regelung nicht noch einmal zur Anwendung.

WAS IST EIN BEFRISTETER MIETVERTRAG?

Gemäß § 575 Abs. 1 BGB kann ein Mietverhältnis auf bestimmte Zeit nur eingegangen werden, wenn der Vermieter nach Ablauf der Mietzeit die Räume als Wohnung für sich, seine Familienangehörigen oder Angehörige seines Haushalts nutzen will, in zulässiger Weise die Räume beseitigen oder so wesentlich verändern oder instand setzen will, dass die Maßnahmen durch eine Fortsetzung des Mietverhältnisses erheblich erschwert werden würden, oder die Räume an einen zur Dienstleistung Verpflichteten vermieten will. Wichtig ist, dass der Befristungsgrund konkret bei Abschluss des Mietverhältnisses mitgeteilt wird. Es reicht beispielsweise nicht aus anzugeben, dass man die Wohnung nach Ablauf der Mietzeit für »einen Angehörigen« benötigt. Es muss konkret dargelegt werden, wer die Wohnung nach Ablauf der Mietzeit nutzen soll. Falls das Mietverhältnis eine Laufzeit von mehr als einem Jahr haben soll, müssen sowohl der Mietvertrag als auch der Befristungsgrund schriftlich (§126 BGB) vereinbart werden. Dies ist geregelt in § 550 BGB. Mangelnde Schriftform führt nicht zur Unwirksamkeit des Mietvertrags, sondern zu Unwirksamkeit der Befristung. Es liegt in diesem Fall ein unbefristeter Mietvertrag vor. Befristete Mietverträge mit einer Laufzeit von unter einem Jahr können formfrei und auch mündlich vereinbart werden gemäß § 550 BGB.

WAS BLÜHT MIR ALS MIETER, WENN IM MIETVERTRAG EINE FEHLERHAFTE QUADRATMETERANZAHL ANGEGEBEN IST?

Der Vermieter kann dann eine Mieterhöhung bis zur ortsüblichen Vergleichsmiete gemäß § 558 BGB verlangen. Bei einer Mieterhöhung gemäß § 558 BGB wird die Erhöhung an einen ortsüblichen Quadratmeterpreis orientiert. Die ortsübliche Miete wird dann durch den Quadratmeterpreis multipliziert mit der Wohnfläche errechnet. Bei einer Mieterhöhung des Vermieters gemäß § 558 BGB ist nur die tatsächliche Wohnungsgröße entscheidend. Es ist völlig unerheblich, welche Wohnfläche im Mietvertrag angegeben wurde. Der Mieter hat zudem ein Mietminderungsrecht. Der Bundesgerichtshof hat dabei in einer Entscheidung vom 18.11.2015 (Aktenzeichen VIII ZR 266/14) festgelegt, dass eine Abweichung bis zu 10 Prozent in sämtlichen Fällen grundsätzlich irrelevant ist: »Dementsprechend geht der Senat – woran festzuhalten ist – in ständiger Rechtsprechung davon aus, dass ein zur Minderung der Miete führender Mangel der Wohnung im Sinne des § 536 Abs. 1 S. 1 BGB in Folge Überschreitung der Erheblichkeits-schwelle (§ 536 Abs. 1 S. 3 BGB) gegeben ist, wenn die tatsächliche Wohnfläche um mehr als 10 % unter der im Mietvertrag angegebenen Wohnfläche liegt.«

DARF DER VERMIETER DEM MIETER DIE GARTENPFLEGE AUFERLEGEN?

Zunächst einmal gilt der Grundsatz, was im Mietvertrag zur Garten-pflege/Gartenarbeit geregelt wurde. Danach haben sich Mieter und Vermieter zu richten. Denn wie viele andere Pflichten und Rechte kann auch die Gartenpflege entsprechend im Mietvertrag geregelt werden. Sofern sich also Mieter und Vermieter im Mietvertrag darauf geeinigt haben, dass sich der Mieter um die Pflege des Gartens kümmern soll, gehört der Garten zur »Mietsache«. Entsprechend hat sich der Mieter auch um den sogenannten vertragsgemäßen Zustand zu kümmern. Er muss also grundsätzlich alle Arbeiten erledigen, um diesen Zustand zu erhalten. Doch was genau ist geschuldet – also welche Arbeiten fallen unter den vertragsgemäßen Zustand? Beispiele hierfür sind: Unkraut jäten, Rasen mähen, Beseitigung von Laub, Beete umgraben, einfacher Rückschnitt kleiner Sträucher. Tätigkeiten, die nicht auf den Mieter zu übertragen sind, wären zum Beispiel: das Beschneiden beziehungsweise der Rückschnitt überkopfhoher Bäume und Hecken, das Fällen von Bäumen, das Neuanlegen des Rasens oder der Beete, die Renovierung des Gartenhäuschens.

MUSS ICH MICH AN DIE REGELUNG IN MEINEM MIETVERTRAG HALTEN, ODER GILT FÜR MICH DIE HAUSORDNUNG?

Zunächst einmal spielt es eine entscheidende Rolle, ob die Hausordnung Teil des Mietvertrags ist oder lediglich als Aushang im Treppenhaus erfolgt. Will der Vermieter zwingend bestimmte Pflichten und Arbeiten auf den Mieter »abwälzen«, wie zum Beispiel die klassischen Arbeiten wie Schneeräumen, Treppenhausreinigung und so weiter, muss die Hausordnung zwingend Bestandteil des Mietvertrags sein. Insofern ist hier entscheidend, dass die Hausordnung entweder dem Mietvertrag angehängt ist oder ausdrücklich im Mietvertrag erwähnt wird. Hilfreich ist hierbei immer, sich im Mietvertrag auch den Erhalt der Hausordnung als Vermieter quittieren und bestätigen zu lassen. Sofern die Hausordnung nur im Hausflur ausgehängt wird oder optional dem Mieter getrennt vom Mietvertrag überreicht wird, können dem Mieter nicht verbindlich Aufgaben und Pflichten auferlegt werden, die über seine bereits gesetzlichen oder vertraglichen Pflichten hinausgehen. Ausschließlich Wirksamkeit entfalten in den ausgehängten Hausordnungen etwa Regelungen zur Nutzungsbestimmung für Gemeinschaftsräume, Schließzeiten der Haustür oder Regelungen zur Ruhezeit.

WELCHE REGELUNGEN IN DER HAUSORDNUNG SIND DENN WIRKSAM?

Es gibt grundsätzlich keine klaren Regelungen beziehungsweise Verpflichtungen, die eine Hausordnung enthalten muss. Beispiele für einzelne Regelungen sind: die Festlegung von Ruhezeiten zur Vermeidung von Lärmstörungen und anderen Belästigungen; die Benutzung der gemeinschaftlichen Räume wie Waschküche, Trockenraum und Speicher; Regeln für den Gemeinschaftsgarten. Grundsätzlich darf nicht in einer

Hausordnung geregelt werden, was gegen geltendes Recht oder das Persönlichkeitsrecht des Mieters verstößt. Klassische Beispiele hierfür sind: grundsätzliches Verbot zum Musizieren, generelles Besuchsverbot zu bestimmten Uhrzeiten, Untersagung von Kinderlärm, generelles Bade- oder Duschverbot zu Nachtzeiten, generelle Untersagung von Waschmaschinen in der Wohnung.

WANN DARF DER VERMIETER EINE EIGENBEDARFSKÜNDIGUNG AUSSPRECHEN?

Eine Eigenbedarfskündigung setzt voraus, dass der Vermieter die Räume als Wohnung für sich, die zu seinem Haushalt gehörenden Personen oder seine Familienangehörigen benötigt. Hiervon kann ausgegangen werden, wenn der Vermieter die ernsthafte Absicht hat, die Räume selbst als Wohnung zu nutzen oder diese einem Angehörigen zu überlassen, und wenn diese Absicht auf vernünftigen Erwägungen beruht. Eine Eigenbedarfskündigung setzt nicht voraus, dass der Vermieter sämtliche Räume zu Wohnzwecken benötigt. Der Vermieter kann daher auch wegen Eigenbedarf kündigen, wenn er die Räume nur teilweise zu Wohnzwecken, überwiegend, aber zu gewerblichen Zwecken nutzen will. Gemäß § 574 Abs. 1 BGB kann der Mieter der Kündigung des Vermieters widersprechen und die Fortsetzung des Mietverhältnisses verlangen. Dies setzt voraus, dass die Beendigung des Mietverhältnisses für den Mieter, seine Familie oder einen anderen Angehörigen seines Haushalts eine Härte bedeuten würde, die auch unter Würdigung der berechtigten Interessen des Vermieters nicht zu rechtfertigen ist. Zur Familie gehören der Ehegatte, die Kinder und alle sonstigen Personen, die mit dem Mieter verwandt oder verschwägert sind. Auch die Stiefkinder und die Pflegekinder gehören dazu. Die Personen müssen jedoch in der Wohnung mit dem Mieter zusammenleben. Maßgeblich ist eine Gesamtbewertung aller in der Person des Mieters liegende Härtegründe. Es muss also in jedem Einzelfall eine Interessenbewertung vorgenommen werden.

KANN DIE EIGENBEDARFSKÜNDIGUNG IM MIETVERTRAG AUSGESCHLOSSEN WERDEN?

Der Bundesgerichtshof (AZ: VIII ZR 223/06) hat bereits klar geurteilt, dass zwischen Mieter und Vermieter zugunsten des Mieters die Eigenbedarfskündigung des Mietverhältnisses ohne zeitliche Begrenzung ausgeschlossen werden kann. Gerade die Tatsache, dass der Ausschluss nicht zeitlich begrenzt werden muss, bringt für den Mieter eine große Sicherheit für lange Mietverhältnisse mit sich. Entscheidend ist jedoch – sowohl in den befristeten als auch unbefristeten Mietverträgen –, dass die Vereinbarung zwischen den Parteien schriftlich zu erfolgen hat.

WANN DARF DER VERMIETER EINE KÜNDIGUNG WEGEN STÖRUNG DES HAUSFRIEDENS AUSSPRECHEN?

Die fristlose Kündigung wegen Vertragsverletzungen (zum Beispiel Verstoß gegen die Hausordnung) ist erst nach vergeblicher Abmahnung begründet. Hintergrund ist, dass dem Mieter das Fehlverhalten vor Augen geführt und klargestellt werden soll, dass das streitgegenständliche Verhalten nicht mehr geduldet wird. Erst wenn durch die Fortsetzung des abgemahnten Verhaltens die Gefahr weiterer Vertragsuntreue droht, ist eine außerordentliche Kündigung möglich. Nach § 569 Abs. 2 BGB ist die außerordentliche Kündigung möglich, wenn ein Wohnungsmieter den Hausfrieden nachhaltig stört. Mieter müssen Rücksicht auf Mitmieter nehmen. Beispiele hierfür wären: Beleidigungen, Rufschädigungen, Verstöße gegen die Hausordnung, Lärmbelästigungen, Geruchsbelästigungen, unerlaubte Tierhaltung oder Sachbeschädigung.

DARF DER VERMIETER UNGEFRAGT DIE MIETE ERHÖHEN?

Der Vermieter kann die Zustimmung zur Mieterhöhung bis zur Höhe der ortsüblichen Vergleichsmiete fordern. Wichtigste Voraussetzung ist, dass die bisherige Miete zu dem Zeitpunkt, an dem die Mieterhöhung eintreten soll, mindestens 15 Monate unverändert bestand. Des Weiteren darf sich die Miete innerhalb von drei Jahren nicht um mehr als 20 Prozent erhöhen. In bestimmten Gemeinden (Ballungszentren) kann zudem durch Rechtsverordnung der Landesregierung eine Kappungsgrenze von 15 Prozent bestimmt werden, das heißt, dass die Miete nur um max. 15 Prozent erhöht werden darf. Der Vermieter muss dem Mieter in seinem Mieterhöhungsverlangen schriftlich begründen, warum er die von ihm geforderte Miete für ortsüblich hält. Ortsüblich ist die Miete, die für Wohnungen vergleichbarer Art, Größe, Ausstattung, Beschaffenheit und Lage vor Ort vereinbart worden ist. Problematisch ist, dass ein formell rechtswidriges oder nicht ausreichend begründetes Mieterhöhungsverlangen keine Wirkung entfaltet. Die ortsübliche Vergleichsmiete kann wie folgt begründet werden: Benennung von mindestens drei Vergleichswohnungen, Bezugnahme auf einen örtlichen Mietspiegel, Gutachten eines öffentlich bestellten und vereidigten Sachverständigen.

WAS KANN ICH ALS MIETER GEGEN EINE MIETERHÖHUNG UNTERNEHMEN?

Sollte der Mieter das Mieterhöhungsverlangen ignorieren und der Mieterhöhung nicht zustimmen, muss der Vermieter auf Erteilung der Zustimmung klagen. Die Klage muss innerhalb von drei weiteren Monaten (somit bis zum Ablauf des fünften Monats nach Zugang des Verlangens) erhoben werden. Eine einmal erteilte Zustimmung zur Mieterhöhung ist bindend und nicht widerrufbar. Der Mieter schuldet die erhöhte Miete nach dem Beginn des dritten Monats nach dem Zugang des Mieterhöhungsverlangens.

WANN DARF DER MIETER DIE MIETE MINDERN?

Ob der Mieter ein Recht zur Minderung der Miete hat beziehungsweise ob der Mieter eine bereits vorgenommene Mietminderung des Vermieters akzeptieren muss, beurteilt sich nach dem Vorliegen eines Mangels der Mietsache. Ein Mangel der Mietsache liegt immer dann vor, wenn die Mietsache mit einem Fehler behaftet ist, die ihre Tauglichkeit zur vertragsgemäßen Nutzung mindert oder aufhebt. Dies regelt § 536 BGB. Dabei gilt, dass eine nur geringfügige Minderung der Tauglichkeit keinen Mangel darstellt. Ein Mangel liegt auch dann vor, wenn gemäß § 536 Abs. 2 BGB der Mietwohnung eine zugesicherte Eigenschaft fehlt oder diese später wegfällt. Ein Mangel kann zum Beispiel sein: zu geringe Raumtemperaturen wegen zu kleiner Heizkörper, nicht vollfunktionsfähige Heizkörper, Feuchtigkeits- und Schimmelbildung, die auf die Bausubstanz, nicht aber auf falsches Heiz- und Lüftungsverhalten des Mieters zurückzuführen ist, fehlende ausreichende elektrische Ausstattung, erheblicher und andauernder Baulärm, erhebliche Lärmbelästigungen durch Nachbarn, Ungezieferbefall, massive Geruchsbelästigung.

MUSS DER VERMIETER DEN MIETMANGEL BEHEBEN?

Der Mieter ist zunächst verpflichtet, dem Vermieter das Vorliegen eines Mangels anzuzeigen. Dies ist nur dann entbehrlich, wenn der Vermieter bereits anderweitig von dem Vorliegen eines Mangels Kenntnis hat beziehungsweise haben musste. Der Vermieter ist dann verpflichtet, nach der Mängelanzeige den Mangel unverzüglich zu beseitigen. Dies setzt natürlich voraus, dass er überhaupt in der Lage ist, Einfluss auf die Behebung des Mangels zu nehmen. Dies ist bei von Nachbarn ausgehenden Störungen meist nicht möglich. In diesem Fall muss der Vermieter aber auf die Mitmieter einwirken. Der Vermieter muss auch dann den Mangel beseitigen, wenn der Mangel zumindest teilweise von dem Mieter selbst verursacht wurde. Er hat lediglich die Möglichkeit, den Mieter zur anteilmäßigen Kostenübernahme zu verpflichten. Hat der Mieter den Mangel vollständig selbst verursacht, muss er diesen selbstverständlich auch selbst beseitigen.

WELCHE RECHTE HAT DER MIETER, WENN DER VERMIETER DEN MANGEL NICHT BESEITIGT?

Beseitigt der Vermieter den Mangel trotz vorheriger Mängelanzeige und Fristsetzung des Mieters nicht, hat der Mieter ein Recht zur Minderung der Miete. Er hat aber auch die Möglichkeit, den Vermieter auf Beseitigung des Mangels zu verklagen. Je länger der Mangel vorlag, desto höher ist der Minderungsbetrag. Bei der Höhe der Mietminderung kommt es

auf die Sichtweise des einzelnen Mieters nicht an. Entscheidend ist vielmehr eine objektive Betrachtungsweise. Die Mietminderung berechnet
sich immer nach der Bruttomiete, also inklusive der Nebenkosten. Hat
der Mieter den Vermieter zur Beseitigung des Mangels unter Fristsetzung aufgefordert und kommt der Vermieter der Aufforderung nicht
nach, kann der Mieter den Mangel selbst beseitigen und Aufwendungs-
ersatz für seine getätigten Aufwendungen verlangen. Selbstverständlich
muss die Frist angemessen sein. Der Vermieter muss die Möglichkeit
haben, den Mangel innerhalb der Frist beseitigen zu können. Die Länge
der Frist beurteilt sich nach den Umständen des Einzelfalls.

DARF DER VERMIETER BEI NEUVERMIETUNG FOTOS DER WOHNUNG VOM MIETER EINFORDERN?

Eines der wichtigsten Grundgesetze findet man unter Artikel 13 GG
– dort steht, dass »die Wohnung unverletzlich ist«. Insofern darf der
Mieter seine angemieteten Räumlichkeiten ungestört und ohne Einschränkungen des Vermieters oder Dritter nutzen. Gesetzlich ist kein
grundsätzliches Besichtigungsrecht zugunsten des Vermieters geregelt.
Jedoch gesteht die Rechtsprechung unter bestimmten Umständen dem
Vermieter ein Besichtigungsrecht zu. Dies jedoch nur dann, wenn auch
ein konkreter und berechtigter Grund vorliegt. Dieser wichtige Grund
ist zum Beispiel bei einer entsprechenden Besichtigung mit Kaufinteressenten oder Nachmietern gegeben. Hier hat jedoch der Vermieter
mit einer entsprechenden angemessenen Frist den Mieter über den
Besichtigungswunsch zu informieren. Grundsätzlich sollte eine An-
kündigungsfrist von mindestens einer Woche eingehalten werden. Der
Mieter ist jedoch nicht verpflichtet, dem Wunsch des Maklers, des Vermieters oder Eigentümers nachzukommen, entsprechende Fotos von
den Räumlichkeiten seiner Wohnung zu fertigen und zur Verfügung zu

stellen. Vermieter, Eigentümer oder Makler dürfen auch nicht ohne die Zustimmung des Mieters selbst und eigenständig Fotos von den Räumlichkeiten anfertigen, sofern diese noch vom Mieter bewohnt werden.

DARF ICH MEINE WOHNUNG UNTERVERMIETEN ODER ENTSCHEIDET DARÜBER DER VERMIETER?

Ausdrücklich wird die Untermiete in § 540 Abs. 1 S. 1 BGB geregelt. Hier wird die Untermiete als ein in der Praxis besonders häufiger und wichtiger Fall der Gebrauchsüberlassung genannt. Bei der Raummiete ist wesentlich, dass dem Dritten, also dem sogenannten Untermieter, zumindest ein Teil der Räumlichkeiten zur ausschließlichen Benutzung zur Verfügung steht. Für den Untermietvertrag gelten die allgemeinen Bestimmungen des Mietrechts. Dies hat zur Folge, dass grundsätzlich kein Schriftformzwang besteht. Die Schriftform eines Untermietvertrags ist nur erforderlich, sofern der Untermietvertrag für längere Zeit als ein Jahr abgeschlossen wird. Wenn er über einen kürzeren Zeitraum abgeschlossen wird, kann er auch mündlich oder konkludent geschlossen werden, sich also aus dem schlüssigen Sachzusammenhang heraus ergeben.

WAS MUSS ICH ALS MIETER EINER WG BEACHTEN?

Eine Wohngemeinschaft ist gesetzlich betrachtet eine GbR (Gesellschaft bürgerlichen Rechts) gemäß § 705 BGB. Für die gemeinschaftliche Anmietung der Wohnung gründen Mieter eine sogenannte Gesellschaft. Gesellschaftszweck ist die gemeinsame Anmietung der Wohnung. Möglich ist, dass zunächst eine Person die Wohnung anmietet und anschließend einen Teil der Wohnung untervermietet. Voraussetzung ist jedoch, dass bei Vertragsschluss eine Untermieterlaubnis ausdrücklich vereinbart wird. Es ist auch möglich, dass sämtliche Mitbewohner mit dem Vermieter einen einzigen Vertrag schließen und allesamt Hauptmieter – mit den gleichen Rechten und Pflichten – werden. Es ist möglich, dass der Vermieter verschiedene Teilmietverträge mit den einzelnen WG-Mitgliedern abschließt. Hier haftet jeder Mieter nur für seine Miete. Des Weiteren sind die Vertragsparteien auch flexibel bei Ein- und Auszügen. Der Verwaltungsaufwand für den Vermieter ist jedoch höher, da er für jeden Mieter eine eigene Nebenkostenabrechnung erstellen muss. Sofern nicht ausdrücklich vereinbart, haftet ein neuer Mieter nicht für offene Mieten, die vor seinem Einzug entstanden sind.

WAS IST BEI DER WOHNUNGS-ÜBERGABE UND IM ÜBERGABE-PROTOKOLL ZU BEACHTEN?

Der Mieter muss bei Beendigung des Mietverhältnisses den Besitz an der Mietwohnung aufgeben und den Vermieter wieder in den Besitz der Wohnung setzen. Der Mieter muss die Mietwohnung räumen und dem Vermieter sämtliche Schlüssel der Wohnung überlassen. Wenn die Übergabe des Schlüssels an den Hausmeister nicht ausdrücklich vereinbart wurde, ist in der Regel nicht von einer Übergabe auszugehen, da die Entgegennahme von Schlüsseln grundsätzlich nicht zu den Pflichten des Hausmeisters gehört. Behält der Mieter ohne Einverständnis des Vermieters Schlüssel ein, hat dieser weiterhin Mitbesitz an der Mietwohnung und hat daher die Mieträume nicht vollständig zurückgegeben. Der Mieter muss die Wohnung und sämtliche überlassenen Nebenräume (Keller, Dachboden und so weiter) vollständig räumen und alle Möbel aus der Mietwohnung entfernen. Grundsätzlich macht sich ein Vermieter schadensersatzpflichtig, wenn er eigenmächtig Gegenstände des Mieters entsorgt. Eine Ausnahme liegt jedoch vor, wenn der Mieter an Sachen offensichtlich seinen Besitz aufgegeben hat. Dies ist zum Beispiel der Fall beim Hinterlassen von Müll und defekten Möbeln. In vielen Mietverträgen wird die Übergabe einer »besenreinen« Wohnung vereinbart. Bei einer solchen Vereinbarung muss der Mieter grobe Verschmutzungen beseitigen – nicht erforderlich sind zum Beispiel das Fensterputzen und die Badreinigung bis ins kleinste Detail. Ein Wohnungsübergabeprotokoll wird erstellt, um den Zustand der Mieträume und insbesondere Schäden beweissicher festzuhalten. Der Mieter ist jedoch nicht verpflichtet, das Wohnungsübergabeprotokoll zu unterzeichnen. Hierzu ist auch nicht zu raten, wenn man mit bestimmten Feststellungen im Wohnungsübergabeprotokoll nicht einverstanden ist.

WIE OFT DARF ICH IN MEINER WOHNUNG EINE PARTY VERANSTALTEN?

Generell müssen Mieter Rücksicht auf ihre Nachbarn nehmen. Man darf in seiner Wohnung nur so laut sein, dass es andere nicht beeinträchtigt oder belästigt. Meist gibt es zudem in dem jeweiligen Miethaus die Hausordnung, in der die Zeiten festgeschrieben sind, in denen Lärm untersagt ist. Weiterhin werden Ruhezeiten häufig auch in den Immissionsschutzgesetzen der jeweiligen Bundesländer geregelt. Es kann außerdem örtliche Ruhezeiten geben, die individuell von den Gemeinden festgelegt sind. Allgemein herrscht ab 22:00 Uhr die sogenannte Nachtruhe bis 06:00 oder bis 07:00 Uhr früh und eine Mittagsruhe zwischen 12:00 und 14:00 Uhr. Innerhalb dieser festgelegten Ruhezeiten sind Betätigungen, die die Ruhe stören, untersagt. Daher sollte man beim Veranstalten einer Party vorab die anderen Mieter darüber informieren und gegebenenfalls die Lautstärke der Musik insofern anpassen, dass sich die anderen Bewohner nicht zu sehr gestört fühlen, insbesondere um die Rücksichtnahmepflichten zu erfüllen und ein angenehmes Verhältnis zu den Nachbarn zu bewahren.

DARF ICH MICH WEGEN KINDERLÄRM BEI MEINEM NACHBARN ODER BEI MEINEM VERMIETER BESCHWEREN?

In der Regel muss man den Kinderlärm tolerieren. Selbst der Kinderlärm, der von Kitas oder Spielplätzen ausgeht, gilt laut Bundesimmissionsschutzgesetz nicht als schädliche Umwelteinwirkung. Das bloße Geschrei der Kinder ist daher für einen Erfolg versprechenden Rechtsstreit mit der jeweiligen Partei nicht ausreichend. Natürlich kann es bei einer Einzelfallbetrachtung auch Ausnahmen geben, zum Beispiel wenn die Kinder mit dem Roller durch die Wohnung fahren oder regelmäßig zu Ruhezeiten unangemessen laut durch die Wohnung laufen und dabei schreien. Grundsätzlich sollte man als Mieter aber die Konfliktlösung an den Vermieter weitergeben. Bei einem mehrfachen Verstoß gegen die Regeln der Hausordnung sollten diese aus Gründen der Nachweisbarkeit und Beweisbarkeit protokolliert und dem Vermieter überreicht werden, damit dieser sich um die Lärmbelästigung kümmern kann.

BIN ICH ALS MIETER ZUM WINTERDIENST VERPFLICHTET?

Grundsätzlich sind Grundstückseigentümer oder Vermieter in der Regel zur Schnee- und Eisbeseitigung verpflichtet. Dazu gehört zum Beispiel die Beseitigung des Schnees oder auch das Streuen von Salz, um einer möglichen Vereisung vorzubeugen. Eine generelle Pflicht der Mieter zur Durchführung des Winterdienstes gibt es nicht. Vielmehr müsste eine solche Regelung ausdrücklich im jeweiligen Mietvertrag festgehalten werden. Eine Regelung in der Hausordnung ist dabei nicht ausreichend. Auch der weit verbreitete Irrglaube eines sogenannten Gewohnheitsrechts, demzufolge nur die Bewohner des Erdgeschosses zur Durchführung des Winterdienstes verpflichtet sind, kann hier nicht greifen. Denn eine solche Pflicht besteht keinesfalls und wäre ohnehin eine unverhältnismäßige Benachteiligung der Mieter des Erdgeschosses.

IHRE RECHTE ALS ARBEITNEHMER UND ARBEITGEBER

WER IST EIGENTLICH ARBEITGEBER?

Zwar ist der Begriff des Arbeitgebers genauso wie der Arbeitnehmerbegriff nicht gesetzlich normiert, aber die Rechtsprechung sieht grundsätzlich denjenigen als Arbeitgeber an, der die Arbeitsleistung des Arbeitnehmers kraft Arbeitsvertrags fordern kann und dessen Arbeitsentgelt schuldet – so auch das Bundesarbeitsgericht im Urteil mit dem Aktenzeichen BAG 2 AZR 838/11. Als weitere Voraussetzung muss der Arbeitgeber mindestens eine Person beschäftigen. Arbeitgeber kann grundsätzlich eine natürliche Person oder eine juristische Person des privaten oder des öffentlichen Rechts sein.

WER IST EIGENTLICH ARBEITNEHMER?

Die geltende Rechtsprechung definiert den Arbeitnehmerbegriff wie folgt: »Arbeitnehmer ist, wer aufgrund eines privatrechtlichen Vertrags, weisungsgebunden in fremdbestimmter Arbeitsorganisation, in persönlicher beziehungsweise sozialer Abhängigkeit für einen anderen Dienste, in der Regel gegen Entgelt entrichtet.« Die Grundlage für einen Arbeitsvertrag darf kein öffentlich-rechtlicher Vertrag sein, wie es beispielsweise bei Beamten, Richtern, Soldaten oder Zivildienstleistenden der Fall ist. Diese Berufsgruppen sind keine Arbeitnehmer im Sinne des Arbeitsrechts. Vielmehr stellt ein privatrechtlicher Vertrag die Basis eines jeden Arbeitnehmerverhältnisses dar. Bei dem privatrechtlichen Vertrag müsste es sich des Weiteren um einen Dienstvertrag im Sinne von § 611 BGB handeln. Hierunter lassen sich die Definitionsbestandteile des Arbeitnehmerbegriffs »Leistung von Diensten«, »für einen anderen« und »in der Regel gegen Entgelt« zusammenfassen. Ausschlaggebend für die Arbeitnehmereigenschaft ist die persönliche beziehungsweise soziale Abhängigkeit des Dienstleistenden.

WIE ENTSTEHT EIGENTLICH
MEIN URLAUBSANSPRUCH?

Gemäß § 4 des BurlG (Bundesurlaubsgesetz) entsteht der Anspruch auf den vollen Jahresurlaub erstmalig nach sechsmonatigem Bestehen des Arbeitsverhältnisses. Grundsätzlich stehen jedem Arbeitnehmer nach den zwingenden Regelungen des Bundesurlaubsgesetzes 24 Urlaubstage pro Jahr zur Verfügung, ausgehend von einer Arbeitswoche von sechs Tagen. Gemeint sind somit vier Wochen Urlaub, was bei einer anderen Ausgestaltung des Arbeitsverhältnisses entsprechend umzurechnen wäre. Wenn der Arbeitsvertrag also eine Fünf-Tage-Woche vorsieht, beläuft sich der Urlaubsanspruch auf 20 effektive Arbeitstage; arbeitet jemand beispielsweise in Teilzeit nur einmal die Woche, ist Urlaub nur an vier Tagen zu gewähren. Im Ergebnis müssen immer vier Wochen Freizeit herauskommen. Entscheidend ist dabei immer das Kalenderjahr. Beginnt ein Arbeitsverhältnis im Laufe eines Jahres, ist der Urlaub anteilig zu berechnen. Der Urlaub ist auf Antrag des Arbeitnehmers von dem Arbeitgeber zu gewähren. Dabei sind die berechtigten Belange des Betriebs angemessen zu berücksichtigen. Weder darf der Arbeitgeber seinen Angestellten nach Belieben Urlaubzeiten zuteilen, noch dürfen die Arbeitnehmer diese selbst bestimmen, unbedingt zu einer bestimmten Zeit ihren Urlaub nehmen zu wollen.

HABEN ÄLTERE ARBEITNEHMER
ANSPRUCH AUF MEHR URLAUBSTAGE
ALS JÜNGERE ARBEITNEHMER?

Sollten älteren Arbeitnehmern mehr Urlaubstage gewährt werden als jüngeren Arbeitnehmern, kann dies zu einer unterschiedlichen Behandlung der Arbeitnehmer unter dem Gesichtspunkt des Schutzes älterer Arbeitnehmer nach § 10 S. 3 Nr. 1 AGG (Allgemeines Gleichbehandlungsgesetz) führen, aber durchaus zulässig sein. Dabei ist stets eine Prüfung vorzunehmen, ob eine solche vom Arbeitgeber freiwillig begründete unterschiedliche Urlaubsregelung dem Schutz der älteren Arbeitnehmer dient und geeignet, erforderlich und angemessen ist. Diese Voraussetzungen finden sich in § 10 S. 2 AGG. Dem Arbeitgeber steht dabei eine auf die konkrete Situation in seinem Unternehmen bezogene Einschätzungsprärogative zu.

WAS PASSIERT MIT DEM ZU GEWÄHRENDEN URLAUB BEIM TOD DES ARBEITNEHMERS?

Dazu hat sich der Europäische Gerichtshof in einer Entscheidung im Jahr 2018 geäußert (EuGH NZA 2018, 1467 – Broßon/Wilmeroth). Endet danach das Arbeitsverhältnis durch den Tod des Arbeitnehmers, so erlischt der Urlaubsanspruch nicht ersatzlos. Der Europäische Gerichtshof hat in seiner Entscheidung festgelegt, dass in einem solchen Fall ein Anspruch auf eine »finanzielle Vergütung für diesen Urlaub« besteht. Das Bundesarbeitsgericht hat sich in der Folge dem Urteil des Europäischen Gerichtshofs angeschlossen und entschieden, dass die Erben des Arbeitnehmers gemäß § 1922 Abs. 1 BGB in Verbindung mit § 7 Abs. 4 BurlG einen Anspruch auf Abgeltung des vom Erblasser nicht genommenen Urlaubs haben.

DARF DER ARBEITGEBER DEN URLAUBSANSPRUCH KÜRZEN, WENN MAN UNVERSCHULDET NICHT ZUR ARBEIT KOMMEN KANN?

Ganz klare Antwort: Nein! Der Arbeitgeber hat trotzdem seine Pflicht, nämlich die Zahlung der vereinbarten Vergütung gemäß § 611a Abs. 2 BGB, zu erfüllen. Zwar liegt das Wegerisiko grundsätzlich beim Arbeitnehmer. Es obliegt also dem Arbeitnehmer, dafür Sorge zu tragen, pünktlich zur Arbeit zu erscheinen. Kommt der Arbeitnehmer zu spät und kann dementsprechend in der Zeit nicht seiner Arbeitspflicht nachgehen, so hat er für die vergangene Zeit grundsätzlich auch keinen Anspruch auf eine Vergütung. Es gilt der Grundsatz des Arbeitsrechts: »Ohne Arbeit kein Lohn.«

Wie immer gibt es jedoch auch hier Ausnahmen, so zum Beispiel in § 616 BGB. Dieser Paragraf besagt, dass, wenn den Arbeitnehmer keine Schuld trifft und es sich bei der Verspätung um eine verhältnismäßig unerhebliche Zeit handelt, der Vergütungsanspruch ausnahmsweise weiterhin bestehen bleiben kann. Wenn der Arbeitnehmer zum Beispiel wegen eines gestrichenen Flugs im Ausland festsitzt, sollte er den Arbeitgeber davon umgehend in Kenntnis setzen. Zudem hat man als Arbeitnehmer die Pflicht, sich um Alternativen zu bemühen. Bei Inlandsreisen oder Urlaub in Nachbarländern ist dem Arbeitnehmer daher zuzumuten, zum Beispiel mit der Bahn zu fahren oder einen Mietwagen zu buchen, um seiner Arbeitspflicht schnellstmöglich nachzukommen.

KRANK VOR DEM URLAUB – FÄLLT DER URLAUB AUS?

Nächste Woche geht es endlich in den wohlverdienten Urlaub. Aber vorher heißt es: noch eine Woche arbeiten. Doch dann wird man plötzlich krank und muss die ganze Woche zu Hause bleiben. Darf der Arbeitgeber jetzt den Urlaub kürzen mit der Behauptung, dass man die Krankheit ausnutzen würde, um den Urlaub zu verlängern? Ganz klare Antwort: Nein! Der Arbeitgeber kann nicht verlangen, dass der Arbeitnehmer nach einer Erkrankung und vor dem Urlaub noch zur Arbeit kommt. Genauso wenig darf ein bereits genehmigter Urlaub aufgrund der Krankheit gestrichen werden. Man kann grundsätzlich nach einer Krankschreibung nahtlos den genehmigten Urlaub antreten.

MUSS DER URLAUBSANSPRUCH AUS DEM VORJAHR ABGEGOLTEN WERDEN?

Bisher galt die Regelung: Der Anspruch auf den bezahlten Jahresurlaub verfällt grundsätzlich zum Jahresende. Nach EU-Recht dürfen Urlaubsansprüche jedoch nicht mehr automatisch verfallen, nur weil der Arbeitnehmer den Urlaub nicht beantragt hat. Denn der Europäische Gerichtshof hat klargestellt, dass es in der Verantwortung des Arbeitgebers liegt, den Urlaub zu gewähren, und verpflichtet ihn zum Nachweis (Aktenzeichen C-619/16 und C-684/16). Der Jahresurlaub darf nur dann verfallen, wenn der Arbeitgeber nachweisen kann, dass er den betroffenen Arbeitnehmer angemessen über den bevorstehenden Verfall aufgeklärt und ihm die Möglichkeit gegeben hat, den Urlaub auch zu nehmen. Er muss den Mitarbeiter förmlich auffordern, den Urlaub zu nehmen. Und er muss ihm klar und rechtzeitig mitteilen, dass der Urlaub verfallen wird, wenn er ihn nicht nimmt. Nur wenn diese Bedingungen erfüllt sind, kann der Anspruch auf Urlaub oder Ausgleichszahlungen erlöschen, sofern er nicht genommen wurde.

DARF DER ARBEITGEBER MIR EINEN NEBENJOB VERBIETEN?

Es gibt kein generelles Verbot, neben dem Hauptjob noch einen Nebenjob auszuüben. In den meisten Arbeitsverträgen steht, dass es dafür einer Genehmigung des Arbeitgebers bedarf. Sofern das Hauptarbeitsverhältnis durch die Ausübung des Nebenjobs nicht beeinträchtigt wird und man sich an die Vorgaben des Arbeitszeitgesetzes hält, nämlich acht Stunden Arbeit pro Tag, so darf der Arbeitgeber dies nicht verbieten. Als Arbeitnehmer ist man jedoch verpflichtet, eine geplante Nebentätigkeit dem Arbeitgeber anzuzeigen, wenn dies im Arbeitsvertrag festgehalten wurde oder der Arbeitgeber daran ein berechtigtes Interesse haben kann. Ein berechtigtes Interesse des Arbeitgebers kann zum Beispiel sein, ob der Arbeitnehmer im Konkurrenzbereich tätig wird, sozialversicherungsrechtliche Überschneidungen bestehen oder die Grenzen des Arbeitszeitgesetzes durch die Nebentätigkeit die Haupttätigkeit beeinträchtigen.

WANN MUSS DER ARBEITGEBER »HITZEFREI« GEBEN?

Gemäß § 273 BGB ist jede Partei innerhalb eines Schuldverhältnisses dazu berechtigt, ihre Leistung zu verweigern, wenn die Leistung der Gegenseite nicht pflichtgemäß erfüllt wird. Dieses Recht nennt man »Zurückbehaltungsrecht«. Sollte der Arbeitgeber also zum Beispiel seinen Verpflichtungen nicht nachkommen, ab einer Temperatur von über 30 Grad innerhalb der Arbeitsräume für eine angemessene Temperatur zu sorgen beziehungsweise nicht einmal Wasser zur Verfügung zu stellen oder für eine angemessene Lüftung zu sorgen, könnten die Arbeitnehmer unter Umständen dazu berechtigt sein, ihre Arbeit zu verweigern, bis der Arbeitgeber seiner Verpflichtung nachkommt. Aber Vorsicht: Dieses Arbeitsverweigerungsrecht gilt nur unter extremen Bedingungen und nur bis zu dem Zeitpunkt, wo die Raumtemperatur wieder erträgbar ist. Da jeder Arbeitnehmer aus seinem Arbeitsverhältnis auch zu einer bestimmten Treue gegenüber dem Arbeitgeber verpflichtet ist, ist beispielsweise eine für zwei Stunden ausgefallene Klimaanlage noch kein Grund, den gesamten Arbeitstag »über den Haufen zu werfen«. § 4 ArbSchG bestimmt dabei die allgemeinen Grundsätze zu den Maßnahmen, die der Arbeitgeber zu treffen hat. Dabei ist vor allem die Gefährdung des Lebens sowie die physische und psychische Gesundheit der Arbeitnehmer zu beachten.

KANN MAN DAS ARBEITSVERHÄLTNIS MÜNDLICH KÜNDIGEN?

Die Kündigung eines Arbeitsverhältnisses bedarf immer der Schriftform. Weder eine mündliche Kündigung noch eine Kündigung per E-Mail, SMS oder WhatsApp genügen diesem Erfordernis. Vermeiden sollte man allerdings mehrfache Wiederholungen mündlicher Kündigungen. Das Landesarbeitsgericht in Rheinland-Pfalz hat im Jahre 2012 eine mehrfach telefonische Kündigung einer Arbeitnehmerin als wirksam angesehen (Az. 8 Sa 318/11). Dies stellt aber eine Einzelfallentscheidung dar und ist keinesfalls als Grundlage für die Wirksamkeit von Kündigungen heranzuziehen. Andere Gerichte können zu einem anderen Urteil gelangen, zumal § 623 BGB zwingend und ausdrücklich eine schriftliche Kündigung verlangt.

WIE KÜNDIGE ICH MEIN ARBEITSVERHÄLTNIS WIRKSAM?

Die Kündigungserklärung ist eine einseitige, gestaltende Willenserklärung. Gemäß § 623 BGB ist sie nur wirksam, wenn sie schriftlich erfolgt. Schriftlich bedeutet, dass sie vom Erklärenden eigenhändig unterschrieben sein muss. Dabei kommt es nicht auf die Lesbarkeit des Namenszugs an. Vielmehr genügt es, wenn die Identität des Unterschreibenden ausreichend gekennzeichnet wird. Dies kann durch individuelle und entsprechende charakteristische Merkmale des Namens erfolgen, die eine Nachahmung der Unterschrift erschweren. Der Schriftzug muss sich als Wiedergabe eines Namens darstellen und die Absicht einer Unterschrift erkennen lassen. Außerdem muss die Kündigung inhaltlich bestimmt und unmissverständlich sein. Der Empfänger der Kündigung muss erkennen können, zu welchem Datum das Arbeitsverhältnis enden soll. Letztlich muss die Kündigung dem Kündigungsempfänger auch zugegangen sein, also in den »Machtbereich« des Kündigungsempfängers gelangen. Das bedeutet, dass dieser unter gewöhnlichen Umständen von dem Inhalt der Kündigung Kenntnis nehmen kann.

MUSS DER ARBEITGEBER MICH WEITERBEZAHLEN, WENN DER STROM AUSFÄLLT?

Nach § 611a BGB ist der Arbeitnehmer zur Erbringung seiner Dienstleistung verpflichtet. Im Gegenzug hat der Arbeitnehmer einen Anspruch auf die Vergütung. Die Vergütung wird erst nach der erbrachten Arbeit fällig gemäß § 614 BGB, das heißt, der Arbeitnehmer ist vorleistungspflichtig (»Erst die Arbeit, dann der Lohn«). Der Arbeitnehmer wird von seiner Leistungspflicht (»Vorleistungspflicht«) befreit, wenn die Leistung unmöglich ist gemäß § 275 Abs. 1 bis 3 BGB. Ob der Grund der Unmöglichkeit der Leistung in der Sphäre des Arbeitnehmers oder Arbeitgebers liegt, ist unerheblich. Braucht der Schuldner, hier der Arbeitnehmer, nach § 275 Abs. 1 bis 3 BGB nicht zu leisten, entfällt der Anspruch auf die Vergütung gemäß § 326 Abs. 1 Satz 1 BGB. Auf ein Verschulden des Arbeitnehmers kommt es dabei nicht an. Es gibt aber Ausnahmen zu § 326 Abs. 1 BGB, hier ein paar Beispiele für Lohnfortzahlung ohne Arbeitsleistung: Krankheit des Arbeitnehmers, kurze Abwesenheit des Arbeitnehmers bei einem Todesfall in der Familie, Annahmeverzug des Arbeitgebers bei vorübergehender Betriebseinstellung wegen Hochwasser, Urlaub, Feiertagen, Mutterschutz oder Elternzeit.

DARF ICH AUF DER ARBEIT ALKOHOL TRINKEN?

Untersagt der Arbeitgeber Alkohol am Arbeitsplatz ausdrücklich, dann verhält sich der Arbeitnehmer pflichtwidrig, wenn er trotzdem alkoholische Getränke am Arbeitsplatz trinkt. Aber was ist mit der Pause, dem Bierchen im Biergarten um die Ecke, das der Arbeitnehmer mit Kollegen beim Mittagessen genießt? Auch das ist in dem Fall regelmäßig ein arbeitsvertraglicher Pflichtverstoß. Denn es gilt: Untersagt der Arbeitgeber Alkohol am Arbeitsplatz, beispielsweise im Arbeitsvertrag, aber auch in Betriebsvereinbarungen oder allgemeinen Richtlinien, meint er damit regelmäßig auch das Arbeiten im alkoholisierten Zustand. Da macht es keinen Unterschied, ob man mit Restalkohol am Arbeitsplatz erscheint, alkoholisiert aus der Mittagspause zurückkehrt oder am Arbeitsplatz Alkohol trinkt. Manchmal steht es ausdrücklich im Arbeitsvertrag, dass ein Arbeiten unter Alkoholeinfluss untersagt ist – dann darf man erst recht nicht mit Restalkohol im Blut arbeiten.

Was aber gilt, wenn üblich ist, mit Kollegen in der Mittagspause ein Bierchen zu trinken? Ist Alkohol am Arbeitsplatz arbeitsvertraglich untersagt, bleibt es dabei: Man handelt pflichtwidrig und verletzt seine Pflichten, wenn man mit anstößt. Etwas anderes gilt wohl nur, wenn der Chef regelmäßig mittrinkt, wenn es sich also um eine vom Arbeitgeber akzeptierte Gewohnheit im Betrieb handelt.

DARF DER ARBEITGEBER MEHR ALS ACHT STUNDEN ARBEITSZEIT PRO TAG VON MIR VERLANGEN?

Das Arbeitszeitgesetz legt in § 3 ArbZG klar fest, dass die tägliche Arbeitszeit acht Stunden beträgt. Die maximale Arbeitszeit liegt bei zehn Stunden. Diese Überschreitung ist allerdings nur als Ausnahme zu sehen. Es gilt, dass innerhalb von sechs Monaten die durchschnittliche werktägliche Arbeitszeit dennoch bei acht Stunden liegen muss. Innerhalb des Zeitraums von 24 Wochen müssen eventuelle Überschreitungen der Höchstgrenze ausgeglichen werden. In einem Tarifvertrag oder in einer Betriebsvereinbarung, die auf einem Tarifvertrag beruht, kann Folgendes vereinbart werden: Die Arbeitszeit kann über zehn Stunden ausgeweitet werden, wenn regelmäßig und in erheblichem Umfang Arbeitsbereitschaft oder Bereitschaftsdienst anfällt gemäß § 7 Abs. 1 ArbZG. Der Ausgleichzeitraum von 24 Wochen kann auf ein Jahr verlängert werden gemäß §7 Abs. 1 und 8 ArbZG. Die betroffenen Beschäftigten müssen aber vorher in einem Zusatzvertrag freiwillig schriftlich zustimmen und können diese Zustimmung jederzeit mit einer Frist von sechs Monaten schriftlich widerrufen. Gemäß § 7 Abs. 2a und 7 ArbZG muss sichergestellt sein, dass die Gesundheit der Beschäftigten nicht gefährdet ist. Weitere tarifvertraglich gebundene Öffnungsklauseln hinsichtlich der Überschreitung der Arbeitszeit betreffen Beschäftigte in der Landwirtschaft, in der Behandlung, Betreuung und Pflege

von Menschen, im öffentlichen Dienst und in öffentlichen Religionsge-
meinschaften gemäß § 7 Abs. 2 und 4 ArbZG.

DARF ICH WÄHREND DER ARBEITSZEIT IM INTERNET SURFEN?

Grundsätzlich darf der Arbeitgeber entscheiden, ob der dienstliche
Computer oder Laptop auch privat genutzt werden darf. In der Regel gibt es dazu besondere Regelungen im Arbeitsvertrag. Dort sollte
auch geregelt sein, ob der private Gebrauch möglicherweise in Pausen
oder nach Feierabend erlaubt ist. Oftmals finden sich auch gewisse Pro-
gramme auf dem Computer oder Laptop, die bestimme Websites oder
das Herunterladen von Apps oder Ähnlichem automatisch verbieten
und somit die Möglichkeit von vornherein unterbinden. In einem sol-
chem Fall wäre eine private Nutzung bereits unmöglich.

Und wie sieht es mit dem privaten Handy oder Tablet aus? Ist das
erlaubt? Auch da gestaltet es sich schwierig, denn grundsätzlich ist man
als Arbeitnehmer dazu verpflichtet, seinen Pflichten aus dem Arbeitsvertrag nachzukommen. Dazu gehört die Arbeitsleistung und nicht das
private Surfen im Internet. Daher kann der Arbeitgeber auch unter Umständen die Nutzung des Internets an privaten Endgeräten verbieten.

DARF DER ARBEITGEBER MICH VON DER ARBEIT NACH HAUSE SCHICKEN, WENN ICH ZU KRANK ZUM ARBEITEN BIN?

Der Arbeitnehmer entscheidet grundsätzlich selbst, ob er sich gesund
genug fühlt, seiner Arbeit nachzukommen. Wenn man sich beim Arzt
eine Krankschreibung abholt, ist zu diesem Zeitpunkt natürlich noch
nicht absehbar, wie lange man letztendlich krank ist. Sollte man sich

also bereits vor Ablauf der Krankschreibungsfrist wieder gesund fühlen, kann man auch schon früher wieder seiner Arbeitsleistung nachkommen. Ein erneuter Besuch beim Arzt ist dafür nicht notwendig, eine sogenannte Gesundschreibung gibt es nicht. Sollte man dann aber vor lauter Arbeitseifer wieder auf der Arbeit erscheinen, obwohl man offensichtlich noch sehr angeschlagen ist, so kann der Arbeitgeber den Arbeitnehmer auch wieder nach Hause schicken. Dabei steht natürlich die eigene Gesundheit im Vordergrund, aber auch die Gesundheit der anderen Mitarbeiter, die durch zu früh erscheinende noch kranke Arbeitnehmer erheblich gefährdet wird.

MUSS MEIN ARBEITGEBER MIR MEINE ÜBERSTUNDEN BEZAHLEN?

Hinsichtlich der Regelung von Überstunden findet sich oft ein Absatz im Arbeitsvertrag. Dabei ist eine Klausel grundsätzlich unwirksam, die bestimmt, dass erforderliche Überstunden nicht gesondert vergütet werden und mit dem Gehalt bereits als abgegolten gelten. Diese grundlegende und wichtige Entscheidung hat das Bundesarbeitsgericht in seinem Urteil vom 01.09.2010, Aktenzeichen: 5 AZR 517/09, getroffen. Ebenso unzulässig ist eine Klausel im Arbeitsvertrag, die eine gewisse pauschale Anzahl von Überstunden bereits im Vorhinein festlegt. Wie wir bereits festgestellt haben, spielt das Arbeitszeitgesetz für Arbeitgeber und Arbeitnehmer eine extrem wichtige Rolle. In § 3 ArbZG haben wir bereits gesehen, dass die tägliche Arbeitszeit acht Stunden beträgt. Eine Festlegung von einer gewissen Anzahl an monatlichen Überstunden steht § 3 ArbZG daher entgegen, da Überstunden eine Ausnahme darstellen sollten und nicht regelmäßig auf die »normale« Arbeitszeit angerechnet werden sollten.

KÖNNEN ÜBERSTUNDEN AUCH DURCH FREIZEIT AUSGEGLICHEN WERDEN?

Oft wird in Arbeitsverträgen vereinbart, dass für geleistete Überstunden bezahlte Freizeit gewährt wird. Haben die Parteien des Arbeitsverhältnisses ausdrücklich die Abgeltung von Überstunden durch Freizeitausgleich vereinbart, hat der Arbeitnehmer daher im bestehenden Arbeitsverhältnis keinen Anspruch auf Überstundenvergütung. Überstunden sind in diesem Fall erst bei Beendigung des Arbeitsverhältnisses zu vergüten. Arbeitsvertragliche Formularklauseln, nach denen Überstunden ersatzlos wegfallen, sind in der Regel unwirksam.

GIBT ES EINEN GENERELLEN ANSPRUCH AUF ZAHLUNG VON WEIHNACHTSGELD?

Grundsätzlich besteht kein gesetzlicher Anspruch für die Beschäftigten, sich auf eine Auszahlung von Weihnachtsgeld zu berufen. Für gewöhnlich darf der Arbeitgeber sich deshalb nach eigenem Ermessen dazu entschließen, solche Sonderzahlungen zu leisten oder auch nicht. Daher ergibt sich ein entsprechender Anspruch auf das Weihnachtsgeld entweder aus dem Arbeitsvertrag, einer Betriebsvereinbarung oder einem für das Unternehmen oder den Arbeitnehmer geltenden Tarifvertrag. Darüber hinaus kann sich auch in Einzelfällen ein Anspruch aus der sogenannten betrieblichen Übung ergeben, wenn der Arbeitgeber mindestens drei Jahre hintereinander ein Weihnachtsgeld in bestimmter Höhe zahlt, obwohl vertraglich kein Weihnachtsgeld vereinbart worden ist. Im Einzelfall kann ein Arbeitnehmer auch einen Anspruch auf Weihnachtsgeld aus dem »Grundsatz der Gleichbehandlung« geltend machen. Dies kann der Fall sein, wenn andere Arbeitnehmer im Unternehmen ein Weihnachtsgeld ohne besonderen Grund erhalten haben und einige Mitarbeiter und Arbeitnehmer jedoch vom Weihnachtsgeld ausgeschlossen worden sind.

DARF DER ARBEITGEBER WEGEN KRANKHEIT DAS WEIHNACHTSGELD KÜRZEN?

Eine Kürzung des Weihnachtsgeldes wegen Krankheit ist nur bedingt wirksam. So kann zum Beispiel in einem Tarifvertrag die Kürzung des Weihnachtsgeldes wegen Krankheit vereinbart sein mit der Folge, dass der Arbeitgeber nicht das volle Weihnachtsgeld auszahlen muss. Das Gleiche gilt für gewisse Klauseln in »normalen« Arbeitsverträgen und Betriebsvereinbarungen, wenn diese wirksam in den Arbeitsvertrag miteinbezogen wurden.

Doch auch hier sind einige Ausnahmen zu beachten. Wenn ein Unternehmen die Zahlung von Weihnachtsgeld freiwillig als einmaligen Bonus für treue Mitarbeiter auszahlt, so kann es bereits schon ab dem ersten Fehltag wegen Krankheit zu möglichen Kürzungen kommen. Eine grundsätzliche Antwort auf diese Frage fällt durchaus schwer und ist immer einzelfallbezogen zu begutachten, denn nicht jede Rechtsfrage ist sofort beantwortbar.

MUSS ICH DAS GELD AN MEINEN ARBEITGEBER ZURÜCKZAHLEN, WENN DIESER MIR ZU VIEL GEHALT ÜBERWIESEN HAT?

Hat ein Arbeitnehmer versehentlich mehr Gehalt bekommen, als ihm laut Arbeitsvertrag zusteht, dann hat der Arbeitgeber gemäß § 812 BGB einen grundsätzlichen Herausgabeanspruch. Das bedeutet: Der Arbeitnehmer muss den Betrag, der sein vereinbartes Gehalt übersteigt, zurückzahlen. Das gilt insbesondere dann, wenn der Arbeitnehmer selbst bemerkt, dass mit seiner Gehaltsabrechnung etwas nicht stimmt. Oder wenn die Abweichung vom regulären Gehalt so groß ist, dass der Arbeitnehmer sie in jedem Fall hätte bemerken müssen. Meldet er den Fehler dann nicht umgehend, verstößt er gegen seine Treuepflicht gegenüber seinem Arbeitgeber. Und das kann arbeitsrechtliche Konsequenzen nach sich ziehen, im schlimmsten Fall sogar die fristlose Kündigung. Darüber hinaus kann der Arbeitgeber das überzahlte Gehalt auch auf gerichtlichem Weg zurückfordern.

WELCHE FRISTEN MUSS DER ARBEITGEBER BEI EINER AUSSERORDENTLICHEN KÜNDIGUNG EINHALTEN?

Die außerordentliche Kündigung kann nur innerhalb von zwei Wochen erfolgen, nachdem der Kündigungsberechtigte von den für die Kündigung maßgebenden Tatsachen Kenntnis erlangt hat gemäß § 626 Abs. 2 S. 1 BGB. Gemäß § 626 Abs. 2 S. 2 BGB muss der Kündigende dem anderen Teil auf Verlangen den Kündigungsgrund zudem unverzüglich schriftlich mitteilen. Der Kündigungsberechtigte kann die ihm nach pflichtgemäßem Ermessen notwendig erscheinenden Ermittlungen anstellen, um eine zuverlässige und möglichst vollständige Tatsachengrundlage zu erlangen. Allerdings darf der Kündigungsberechtigte die Ermittlungen nicht verschleppen. Der Arbeitgeber kann zum Beispiel den zu kündigenden Arbeitnehmer anhören.

HAT MAN ALS ARBEITNEHMER EINEN ANSPRUCH AUF EINE ABFINDUNG?

Bei fast jeder Arbeitsvertragsauflösung oder Kündigung eines Arbeitsverhältnisses kommt es zu einer einmaligen außerordentlichen Zahlung, der sogenannten Abfindung. Diese erhält der Arbeitnehmer von seinem Arbeitgeber bei Beendigung des Arbeitsverhältnisses als Entschädigung für den Verlust des Arbeitsplatzes. Grundsätzlich hat man als Arbeitnehmer bei Beendigung des Arbeitsverhältnisses keinen gesetzlichen Anspruch auf eine Abfindung. Ebenso unrichtig ist natürlich auch umgekehrt die Annahme von Arbeitgebern, eine Kündigung sei unvermeidlich mit der Pflicht zur Zahlung einer Abfindung verbunden.

Es gibt jedoch auch Ausnahmen, bei denen der Arbeitnehmer die Zahlung einer Abfindung rechtlich beanspruchen kann. Solche Regelungen finden sich zum Beispiel in Arbeitsverträgen oder in Tarifverträgen. Möglich ist natürlich auch, dass die Arbeitsvertragsparteien bei Beendigung des Arbeitsverhältnisses eine freiwillige vertragliche Vereinbarung über die Zahlung einer Abfindung abschließen, das heißt einen Aufhebungsvertrag oder einen Abwicklungsvertrag mit Abfindungsregelung abschließen.

WIE HOCH IST EINE ABFINDUNG GEWÖHNLICH?

Bei gerichtlichen oder außergerichtlichen Verhandlungen über die Höhe der Abfindung orientiert man sich oft an der »Regelabfindung«. Diese liegt bei einem halben Bruttomonatsgehalt pro Beschäftigungsjahr. Hat der Arbeitnehmer also zum Beispiel nach zehn Jahren Beschäftigung zuletzt 2000 Euro brutto monatlich verdient, so beläuft sich die Regelabfindung auf 10 000 Euro (10 Jahre x 1000 Euro brutto). Je nach Leistungsfähigkeit des Arbeitnehmers in dem Betrieb, je nach Lage der Verhandlungssituation und je nach Verhandlungsgeschick der Parteien kann eine mögliche Abfindung aber auch weit darüber oder weit darunter liegen. Auch hier ist eine Einzelfallentscheidung notwendig, um die Interessen aller Parteien des Arbeitsverhältnisses ausreichend zu berücksichtigen.

WAS IST EIGENTLICH EINE ABMAHNUNG VON MEINEM ARBEITGEBER?

Zwischen Arbeitnehmer und Arbeitgeber bestehen Rechte und Pflichten, die diese als Parteien des Arbeitsverhältnisses zu beachten haben. Verletzt eine Seite ihre Pflichten, kann die andere Seite dies rügen. Aber nicht jede Rüge stellt sogleich eine Abmahnung dar. Erst wenn die Rüge mit der Androhung einer Kündigung verbunden wird, handelt es sich um eine Abmahnung. Fehlt hingegen die Androhung einer Kündigung, spricht man von Belehrungen, Vorhaltungen, Ermahnungen, Verwarnungen oder Beanstandungen des Verhaltens des Arbeitnehmers. Solche Maßnahmen des Arbeitgebers sind jedoch in einem gerichtlichen Verfahren vor dem Arbeitsgericht meist nebensächlich. Vielmehr ist auf das Vorhandensein einer möglichen Abmahnung gemäß § 314 BGB abzustellen.

Die Regelungen zur Abmahnung beruhen jedoch fast vollständig auf Richterrecht, also auf Entscheidungen der jeweiligen Arbeitsgerichte. Daher ist auch hier immer eine Einzelfallentscheidung notwendig. Abmahnungen dürfen ausgesprochen werden, wenn ein Verstoß gegen vertragliche Pflichten vorliegt. Zu den arbeitsvertraglichen Pflichten gehört zunächst die Erbringung der arbeitsvertraglich geschuldeten Arbeitsleistung als solche. Umfasst sind aber auch sogenannte Nebenpflichten, zum Beispiel die Rücksichtnahme auf die Interessen des Arbeitgebers. Man muss immer eine Abwägung der beiderseitigen Interessen vornehmen. Beispiele für Abmahnungen können sein: unentschuldigtes Fehlen bei der Arbeit, regelmäßiges Zuspätkommen, verspätete oder fehlende Krankheitsanzeige, Alkohol am Arbeitsplatz und viele weitere andere Gründe.

WO LIEGT DER UNTERSCHIED ZWISCHEN EINER ABMAHNUNG UND EINER KÜNDIGUNG?

Will der Arbeitgeber das Arbeitsverhältnis aus »verhaltensbedingten« Gründen kündigen, muss er den Arbeitnehmer in aller Regel vorher abmahnen. Verhaltensbedingt ist eine Kündigung, wenn der Grund für die Kündigung in dem Verhalten des Arbeitnehmers liegt. Der Arbeitnehmer verletzt seine Pflichten, weil er zum Beispiel seine Arbeit nicht ordentlich macht, unpünktlich ist oder unentschuldigt fehlt. Dabei spielt es grundsätzlich keine Rolle, ob die Kündigung fristlos oder fristgemäß ausgesprochen werden soll. Das Erfordernis einer vorherigen Abmahnung ergibt sich aus dem Grundsatz, dass eine Kündigung nur dann gerechtfertigt ist, wenn es keine anderen, milderen Mittel gibt. Eine Abmahnung ist ein milderes Mittel als eine Kündigung. Daher ist bei einer Pflichtverletzung des Arbeitnehmers in der Regel erst eine Abmahnung auszusprechen, um ihn dazu anzuhalten, seine Pflichten in der Zukunft ordentlich zu erfüllen. Zugleich soll gewarnt werden, dass der Arbeitnehmer im Wiederholungsfall mit schwerwiegenderen Konsequenzen – wie mit einer Kündigung – zu rechnen hat.

WIE OFT MUSS ABGEMAHNT WERDEN, BEVOR EINE KÜNDIGUNG AUSGESPROCHEN WERDEN DARF?

Es gibt keine einheitliche Regel, wie oft ein Verhalten vorher abgemahnt worden sein muss, bevor eine Kündigung ausgesprochen werden darf. Vielmehr kommt es auf die Schwere des Pflichtverstoßes und die sonstigen Umstände des Einzelfalls an.

Bei leichten Verfehlungen, die zudem folgenlos geblieben sind, wird eine einmalige vorherige Abmahnung nicht genügen. Wurde ein Arbeitnehmer zum Beispiel einmal abgemahnt, weil er zehn Minuten zu spät zur Arbeit gekommen ist, und kommt er dann am nächsten Tag erneut zehn Minuten zu spät, wird dies eine Kündigung eher nicht rechtfertigen. Bei Verstößen schwerwiegenderer Art kann aber schon eine einmalige Abmahnung im Wiederholungsfall eine Kündigung rechtfertigen. Wurde zum Beispiel ein Arbeitnehmer schon einmal abgemahnt, weil er einen größeren Kundenauftrag nicht rechtzeitig weitergegeben hat und der Kunde deshalb abgesprungen ist, und wiederholt sich dies ein weiteres Mal, so wird man davon ausgehen können, dass eine darauf gestützte Kündigung wirksam sein kann.

WAS MUSS ICH ALS ARBEITNEHMER BEI DER ARBEITSUNFÄHIGKEIT BEACHTEN?

Entgegen der weit verbreiteten Ansicht führt nicht bereits die Krankheit zu Entgeltfortzahlungsansprüchen, sondern erst die auf der Krankheit beruhende Arbeitsunfähigkeit. Arbeitsunfähig ist, wer aufgrund von Krankheit seine ausgeübte Tätigkeit nicht mehr oder nur unter der Gefahr der Verschlimmerung der Erkrankung ausführen kann. Eine Arbeitsunfähigkeit kann aber auch dann vorliegen, wenn zwar aufgrund einer derzeitigen Krankheit noch keine Arbeitsunfähigkeit vorliegt, jedoch absehbar ist, dass im Fall einer Ausübung der Tätigkeit mit einer Verschlechterung der Krankheit zu rechnen ist. Eine Arbeitsunfähigkeit liegt hingegen nicht vor, wenn sich der Arbeitnehmer lediglich aus diagnostischen oder therapeutischen Gründen in eine ärztliche Behandlung begibt. Im Einzelfall kann aber eine Arbeitsverhinderung vorliegen.

Liegt eine Arbeitsunfähigkeit vor, hat der Arbeitnehmer zwei Pflichten. Er muss den Arbeitgeber über die Arbeitsunfähigkeit informieren und den Nachweis der Arbeitsunfähigkeit erbringen. Im Rahmen der Anzeigepflicht muss der Arbeitnehmer unverzüglich, das heißt ohne schuldhaftes Zögern dem Arbeitgeber gegenüber, die Arbeitsunfähigkeit anzeigen. Unverzüglich bedeutet in diesem Fall bereits am ersten Tag der Arbeitsunfähigkeit. Nicht ausreichend ist das Versenden eines Briefes. Aufgrund des Postlaufes ist mit einer Unterrichtung innerhalb eines Tages nicht zu rechnen. Es muss daher eine unverzügliche mündliche telefonische Mitteilung oder das Versenden einer SMS oder E-Mail erfolgen.

WAS IST DER UNTERSCHIED ZWISCHEN ARBEITSUNFÄHIGKEIT UND ARBEITSVERHINDERUNG?

Die Verhinderungsgründe, die gemäß § 616 BGB den Vergütungsanspruch aufrechterhalten, sind im Gesetz nicht benannt. Es muss sich um einen in der Person oder den persönlichen Verhältnissen des Arbeitnehmers liegenden Grund handeln. Folgende Beispiele sind zu nennen:

Geburt eines Kindes, Hochzeit, Hochzeit der Eltern, schwerwiegende Erkrankung oder Todesfälle bei nahen Angehörigen, Erkrankung eines Kindes unter zwölf Jahren, Tätigkeit als ehrenamtlicher Richter oder Schöffe, Gerichtstermine in eigenen Angelegenheiten. Nicht von der Vergütungsfortzahlungspflicht umfasste Verhinderungen sind zum Beispiel: Verkehrsstörungen, Hochwasser, Glatteis, Stau, Streiks in den öffentlichen Verkehrsbetrieben. Bei all diesen Verhinderungen handelt es sich um solche Gründe, die nicht in der Person des Arbeitnehmers liegen. Der Anspruch auf Vergütungsfortzahlung besteht nur, wenn die Arbeitsverhinderung verhältnismäßig kurz andauert. Dabei sind die Umstände des Einzelfalls entscheidend. Letztlich darf der Arbeitnehmer den Verhinderungsgrund natürlich nicht selbst verschuldet haben.

MUSS DER ARBEITSVERTRAG SCHRIFTLICH ABGESCHLOSSEN WERDEN? UND WAS BEDEUTET EIGENTLICH SCHRIFTFORM?

Sofern ein Gesetz, zum Beispiel die Kündigung des Arbeitsverhältnisses gemäß § 623 BGB, die Schriftform verlangt, ist diese Formvorschrift grundsätzlich nur erfüllt, wenn die Erklärung eigenhändig schriftlich im Original unterzeichnet wird. Dabei kann etwa die eigenhändige Unterschrift durch ein notariell beglaubigtes Handzeichen oder durch die qualifizierte elektronische Signatur bei einer elektronischen Erklärung ersetzt werden, vgl. hier §§ 126, 126a BGB. Die gängigen Erklärungen per E-Mail oder Telefax genügen dieser gesetzlichen Schriftform jedoch nicht. Im Vergleich hierzu reicht bei der »Textform«, dass die Erklärung zwar »schriftlich« verfasst wird, sie braucht jedoch nicht im Original unterschrieben werden – so zum Beispiel im Zuge von E-Mails, Fax oder SMS im Sinne von § 127 Abs. 2 BGB.

SOLLTE ICH ALS ARBEITNEHMER EHER KÜNDIGEN ODER EINEN AUFHEBUNGSVERTRAG ABSCHLIESSEN? UND WAS IST BEI ABSCHLUSS EINES SOLCHEN AUFHEBUNGSVERTRAGES ZU BEACHTEN?

Ein Aufhebungsvertrag (auch Auflösungsvertrag genannt) hat sich in der Praxis als gängiges Instrument erwiesen, ein Arbeitsverhältnis kurzfristig und aus der Sicht des Arbeitgebers weitgehend risikofrei zu beenden. Ohne dass es einer Kündigung bedarf, wird das Arbeitsverhältnis durch den Abschluss des Aufhebungsvertrags zwischen Arbeitgeber und Arbeitnehmer einvernehmlich beendet. Ferner müssen die für eine Kündigung sonst maßgeblichen Fristen bei einem Aufhebungsvertrag nicht beachtet werden. Aufhebungsverträge bedürfen gemäß § 623 BGB der Schriftform. Mündlich abgeschlossene Aufhebungsverträge sind nichtig. Auch stillschweigende Vereinbarungen sind unwirksam. Selbst spätere Änderungen von zuvor bereits schriftlich abgeschlossenen Aufhebungsverträgen bedürfen der Schriftform.

Die gesetzlichen AGB-Vorschriften gelten auch für Aufhebungsverträge. Häufig enthalten Aufhebungsverträge vom Arbeitgeber vorformulierte Klauseln. Solche Klauseln unterliegen der Transparenzkontrolle gemäß § 307 Abs. 1 S. 2 BGB und der Angemessenheitskontrolle gemäß § 307 Abs. 1 S. 1 BGB. Ein bereits abgeschlossener Aufhebungsvertrag kann zum Beispiel angefochten werden, wenn der Arbeitgeber den Arbeitnehmer durch Drohung mit einer Kündigung zu der Unterschrift gedrängt hat und eine Kündigung sonst nicht in Betracht gekommen wäre. Ein Widerruf des Aufhebungsvertrags ist nur dann möglich, wenn im Aufhebungsvertrag explizit ein Widerrufsrecht vereinbart wird. Der Aufhebungsvertrag kann selbst dann nicht widerrufen werden, wenn der Arbeitgeber dem Arbeitnehmer keine Bedenkzeit eingeräumt hat.

HABE ICH EINEN ANSPRUCH AUF EINEN DIENSTWAGEN?

In vielen Arbeitsverhältnissen bekommt der Arbeitnehmer vom Arbeitgeber zur Erledigung seiner Aufgaben einen Dienstwagen zur Verfügung gestellt. Dies ist zweckmäßig, wenn der Arbeitnehmer zur Erfüllung seiner Arbeitspflicht häufig unterwegs ist, etwa bei Außendienstmitarbeitern oder Servicetechnikern. Grundsätzlich besteht ein Anspruch auf einen Dienstwagen, sofern eine entsprechende vertragliche Absprache zwischen den Parteien, also dem Arbeitgeber und dem Arbeitnehmer, getroffen worden ist.

Häufig findet sich in den arbeitsrechtlichen Vertragsbestimmungen eine sogenannte Dienstwagenzusatzvereinbarung, in welcher die PKW-Kategorie (Fabrikat, Typ, Ausstattung und so weiter) konkretisiert wird. Sofern dem Arbeitnehmer die Auswahl des Dienstwagens überlassen wird, empfiehlt es sich, eine Preisgrenze festzulegen, die bei der Anschaffung nicht überschritten werden darf. Sofern nach vertraglicher Absprache ein bestimmtes Modell geschuldet ist, das jedoch nicht mehr vorhanden ist, kann auch im Wege der ergänzenden Vertragsauslegung der Anspruch auf ein gleichwertiges Fahrzeug bestehen.

DARF ICH DEN DIENSTWAGEN AUCH PRIVAT NUTZEN?

Ein wichtiger zu regelnder Punkt, der in der Praxis zu immer wiederkehrenden Streitigkeiten vor den zuständigen Arbeitsgerichten führt, ist die Frage, ob der Dienstwagen auch zu Privatfahrten genutzt werden darf. Hier ist die vertragliche Vereinbarung entscheidend. Sofern keine vertragliche Absprache hierüber getroffen ist, kann der Arbeitnehmer den Dienstwagen nur für Dienstfahrten nutzen. Inbegriffen sind grundsätzlich nicht die Fahrten zwischen Wohnung und Arbeitsstätte, sondern ausschließlich die Strecken, die im Zuge der Erfüllung der Arbeitspflicht erforderlich sind. Die Arbeitsvertragsparteien können jedoch auch vereinbaren, dass der Arbeitnehmer für Privatfahrten den Dienstwagen fahren darf. Eine solche vertragliche Absprache beinhaltet die Zusage eines geldwerten Vorteils in Form eines Sachbezugs und stellt daher auch einen Vergütungsbestandteil des monatlichen Lohns/Gehalts dar.

WOHER WEISS ICH, DASS ICH ALS FRAU GENAUSO VIEL VERDIENE WIE MEINE MÄNNLICHEN KOLLEGEN?

Das sogenannte Entgelttransparenzgesetz verbietet eine Ungleichbehandlung der Bezahlung aufgrund des Geschlechts. Entsprechend dürfen für vergleichbare Arbeiten Männer und Frauen immer nur den gleichen Lohn erhalten. Um die Voraussetzungen der Überprüfung der Bezahlung vergleichbarer Tätigkeiten zu ermöglichen, hat der Gesetzgeber zugunsten der Beschäftigten einen Auskunftsanspruch in § 10 Entgelttransparenzgesetz geschaffen. Der Anspruch gilt grundsätzlich für sämtliche Beschäftigte, wobei nunmehr auch das Bundesarbeitsgericht (Urteil vom 25.06.2020 Az. AZR 145/19) bestätigt hat, dass selbst arbeitnehmerähnliche Beschäftigte wie beispielsweise Freiberufler einen Anspruch auf Auskunft über den Verdienst ihrer Kollegen des anderen Geschlechts mit vergleichbaren Aufgaben haben. Dabei soll der Anspruch vor allem in Betrieben gelten, die mehr als 200 Personen beschäftigen. Für Unternehmen, die mindestens 500 Mitarbeiter beschäftigen, ist das Verfahren zur Überprüfung und Herstellung von Entgeltgleichheit gesetzlich sogar verpflichtend und muss ohne Aufforderung des einzelnen Arbeitnehmers durchgeführt werden. Nach der entsprechenden Aufschlüsselung der Bezahlung vergleichbarer männlicher Arbeitskollegen kann der entsprechende Differenzbetrag sogar gerichtlich als Schadensersatzforderung verfolgt werden. Nicht selten geht es hier auch rückwirkend um beträchtliche Summen.

WAS KANN PASSIEREN, WENN ICH AUF DER ARBEIT EINEN SCHADEN VERURSACHE?

Grundsätzlich hängt die Arbeitnehmerhaftung davon ab, um welche Art von Schaden es sich handelt und wie Sie den jeweiligen Schaden verursacht haben. Zu differenzieren ist zwischen Personen- und Sachschäden sowie zwischen fahrlässiger und vorsätzlicher Herbeiführung des entsprechenden Schadens. Ein Personenschaden liegt beispielsweise vor, wenn Sie im Rahmen Ihrer Arbeitsausübung einen Kollegen oder eine dritte Person verletzen. Ein Sachschaden ist hingegen anzunehmen, wenn Sie eine Sache beziehungsweise einen Gegenstand während der Arbeit beschädigen. Unabhängig davon, um welche Art von Schaden es sich im konkreten Fall handelt, kann grundsätzlich Folgendes auf Sie zukommen: Abmahnung durch den Arbeitgeber, ordentliche beziehungsweise außerordentliche Kündigung durch den Arbeitgeber, vertragliche Haftung auf Schadensersatz gegenüber dem Arbeitgeber, deliktische Haftung auf Schadensersatz gegenüber Dritten.

WIE HAFTE ICH AUFGRUND MEINES ARBEITSVERTRAGES AUF SCHADENERSATZ?

Die Zentralnorm der vertraglichen Schadensersatzhaftung des Bürgerlichen Gesetzbuchs ist in § 280 BGB dargelegt. Eine solche ist zumeist unproblematisch gegeben, da den Arbeitnehmer aus dem Arbeitsvertrag in der Regel sehr weitgefasste Haupt- und Nebenpflichten treffen. So gilt nahezu jeder schadensursächliche Fehler als eine Pflichtverletzung des Arbeitnehmers. An dieser Annahme ändern selbst besondere Umstände wie beispielsweise eine plötzliche Arbeitsüberlastung oder eine extreme Übermüdung des Arbeitnehmers grundsätzlich erst mal nichts.

Da die Regelungen des BGB auch im Arbeitsrecht Anwendung finden, gilt zunächst auch der dort in § 276 BGB normierte Haftungsmaßstab. Gemäß § 276 Absatz 1 BGB haftet der Schuldner (hier der Arbeitnehmer) grundsätzlich für Vorsatz und Fahrlässigkeit. Anzumerken ist an dieser Stelle jedoch, dass entgegen der grundsätzlichen Regelung gilt, dass der Arbeitgeber die Beweislast für das Verschulden des Angestellten trägt (§ 619a BGB).

WO LIEGT DER GENAUE UNTERSCHIED ZWISCHEN VORSATZ UND FAHRLÄSSIGKEIT?

Gemäß § 276 Absatz 2 BGB handelt derjenige fahrlässig, der die im Verkehr erforderliche Sorgfalt außer Acht lässt. Mithin reicht in der Praxis bereits jede kleinste Abweichung von der im jeweiligen Verkehr erforderlichen Sorgfalt aus, um eine Pflicht aus dem Arbeitsvertrag zu verletzen. Vorsatz hingegen setzt vom Grundsatz her das Wissen und Wollen der Tatbestandsverwirklichung im Bewusstsein der Rechtswidrigkeit voraus. Um diese Grenze zu überschreiten, bedarf es folglich weitaus mehr als einer bloß leichtfertigen Unachtsamkeit. Im Ergebnis sind also prinzipiell bei allen betrieblich veranlassten Schäden, die der Arbeitnehmer rechtswidrig verursacht – zumindest aufgrund fahrlässigen Handelns – die Voraussetzungen für eine entsprechende Haftung auf Schadensersatz in voller Höhe gegeben. Dabei besteht die Gefahr, dass durchaus Schäden verursacht werden können, die in einem absoluten Missverhältnis zum Entgelt des jeweiligen Arbeitnehmers stehen.

WIE HAFTE ICH BEI SACHSCHÄDEN?

Verursacht durch leichteste Fahrlässigkeit des Arbeitnehmers haftet dieser gegenüber dem Arbeitgeber grundsätzlich nicht, da dem Arbeitnehmer von vornherein nur ein sehr geringes Maß an Verschulden vorgeworfen werden kann. Leichteste Fahrlässigkeit ist beispielsweise bei extremer Überforderung des Arbeitnehmers anzunehmen. Eine solche liegt vor, wenn der Arbeitgeber den Arbeitnehmer durch Anweisung(en) in eine Situation gebracht hat, der er nach seiner bisherigen Arbeitserfahrung von vornherein nicht gewachsen war. Verursacht durch mittlere Fahrlässigkeit sind grundsätzlich alle Umstände des Einzelfalls zu berücksichtigen. Anhand dieser Berücksichtigung ist eine Haftungsquote zu ermitteln, nach der sowohl der Arbeitnehmer als auch der Arbeitgeber jeweils anteilmäßig haften. So stellt mittlere Fahrlässigkeit das »schlichte« Außerachtlassen der »im Verkehr erforderlichen Sorgfalt« dar. Verursacht durch grobe Fahrlässigkeit beziehungsweise Vorsatz haftet der Arbeitnehmer vom Grundsatz her allein. Er hat für den gesamten Schaden aufzukommen. Von diesem Grundsatz kann jedoch unter Umständen Abstand genommen werden – insbesondere dann, wenn der Arbeitgeber es versäumt hat, entsprechende schadenvorbeugende Maßnahmen zu treffen.

WIE HAFTE ICH BEI PERSONENSCHÄDEN?

In Bezug auf Schäden, die im Rahmen der betrieblichen Tätigkeitsausübung an Personen entstehen, die demselben Betrieb angehören wie der Schädiger, besteht gemäß § 105 Abs. 1 Satz 1 des siebten Sozialgesetzbuches (SGB VII) unter den dort genannten Voraussetzungen ein Haftungsausschluss. Dies gilt sowohl für den Fall, dass der Arbeitgeber den Schaden verursacht hat, als auch für den der Verursachung durch einen anderen Arbeitnehmer. Der Ausschluss der Haftung umfasst darüber hinaus auch den Anspruch auf Schmerzensgeld. Für einen solchen Haftungsausschluss müssen folgende Voraussetzungen gegeben sein: Es muss sich um einen Personenschaden handeln, dieser Personenschaden muss auf einen »Versicherungsfall« im Sinne des Unfallversicherungsrechts zurückzuführen sein, und der Arbeitgeber/Arbeitnehmer darf diesen Versicherungsfall beziehungsweise Personenschaden nicht vorsätzlich herbeigeführt haben.

MUSS DER ARBEITGEBER DIE KÜNDIGUNGSGRÜNDE IN DER KÜNDIGUNG ANGEBEN? UND WAS GESCHIEHT MIT MEINEM (REST-)URLAUB, WEIHNACHTSGELD UND SO WEITER?

Von wenigen Ausnahmen abgesehen: Nein. Da Arbeitgeber bei Ausspruch einer Kündigung die Gründe auch nicht »freiwillig« preisgeben, bleibt in vielen Fällen kein anderer Weg, als Klage zu erheben, um überhaupt die erforderlichen Informationen zu erhalten. Mit einer Kündigung sind oftmals weitergehende Fragen verbunden, die überprüft und gegebenenfalls geltend gemacht werden können (zum Beispiel: Was geschieht mit Resturlaub, Überstunden, betrieblicher Altersversorgung, Wettbewerbsverbot, Weihnachtsgeld, Gewinn- oder Umsatzbeteiligung, Zeugnis, Dienstwagen, Laptop, Handy?). Oftmals werden Dienstwagen oder Betriebsmittel (Handy, Laptop und vieles mehr), die dem Arbeitnehmer auch zum privaten Gebrauch überlassen wurden, schon vor Ablauf der Kündigungsfrist zurückverlangt. Das ist nur in seltenen Fällen rechtens. Im Rahmen des Prozesses – und erst recht bei Verhandlungen mit dem Arbeitgeber – sollten sie nicht vergessen werden.

WAS IST EIN AUSSERBETRIEBLICHER GRUND FÜR DIE KÜNDIGUNG?

Eine betriebsbedingte Kündigung setzt zunächst einen betriebsbedingten Kündigungsgrund voraus. Ein solcher kann sich aus außerbetrieblichen oder innerbetrieblichen Umständen ergeben. Zu beachten ist bei der betriebsbedingten Kündigung, dass es nicht auf die finanzielle Situation des Unternehmens ankommt, sondern auf die Frage des Wegfalls von Beschäftigungsbedarf.

Die Unterscheidung zwischen außerbetrieblichen und innerbetrieblichen Umständen ist ganz wesentlich für die Frage der Erfolgsaussichten und Risiken von Arbeitnehmern und Arbeitgebern im Kündigungsschutzprozess. Im Kündigungsschutzverfahren muss der Arbeitgeber zunächst darlegen, wie sich Aufträge und Umsatz entwickelt haben. Bereits das kann einen erheblichen Aufwand erfordern. In einem weiteren Schritt muss der Arbeitgeber darlegen, inwieweit Auftragsmangel beziehungsweise Umsatzrückgang Auswirkungen auf den Beschäftigungsbedarf haben. Die Darlegung des Arbeitgebers, Auftragsmangel beziehungsweise Umsatzrückgang hätten dazu geführt, dass der Beschäftigungsbedarf für eine konkret zu bestimmende Anzahl von Arbeitnehmern entfallen sei, kann nicht nur sehr aufwendig, sondern auch äußerst schwierig sein. Gelingt dies nicht, scheitert die betriebsbedingte Kündigung, und das Arbeitsgericht würde dem Kündigungsschutzantrag eines Arbeitnehmers stattgeben.

WAS IST EIN INNERBETRIEBLICHER GRUND FÜR DIE KÜNDIGUNG?

Beruft sich ein Arbeitgeber auf eine Rationalisierungsmaßnahme oder die Einstellung beziehungsweise Einschränkung der Produktion, handelt es sich um innerbetriebliche Umstände. Die Darlegung innerbetrieblicher Umstände ist für den Arbeitgeber wesentlich leichter als die außerbetrieblicher Umstände. Bei der Einstellung der Produktion ist zum Beispiel umfassend darzulegen, ab welchem Datum keine neuen Aufträge mehr entgegengenommen und nur noch bestehende Aufträge abgearbeitet werden.

AUS WELCHEN GRÜNDEN DARF DER ARBEITGEBER DEM ARBEITNEHMER KÜNDIGEN?

Nach dem Kündigungsschutzgesetz müssen für die betriebsbedingte Kündigung dringende betriebliche Erfordernisse vorliegen. Diese sind nicht gegeben, wenn es eine Weiterbeschäftigungsmöglichkeit gibt. Denn eine Beendigungskündigung darf immer nur das letzte Mittel (»Ultima Ratio«) sein. Letztlich sind dringende betriebliche Erfordernisse zu verneinen, wenn der Arbeitgeber auf die betriebliche Situation nicht nur mit einer Kündigung, sondern auch durch andere Maßnahmen technischer, organisatorischer oder wirtschaftlicher Art reagieren kann. Der Arbeitgeber hat also darzulegen, dass die betriebsbedingte Kündigung unvermeidbar war.

WAS BEDEUTET DIE SOGENANNTE SOZIALAUSWAHL BEI DER KÜNDIGUNG?

Trotz Vorliegens dringender betrieblicher Gründe ist eine betriebsbedingte Kündigung unwirksam, wenn der Arbeitgeber bei der Auswahl des zu entlassenden Arbeitnehmers die Dauer der Betriebszugehörigkeit, das Lebensalter, die Unterhaltspflichten und die gegebenenfalls vorhandene Schwerbehinderung des Arbeitnehmers nicht oder nicht ausreichend berücksichtigt hat gemäß § 1 Absatz 3 KSchG. Der Arbeitgeber muss anhand der obigen Kriterien prüfen, welchem von eventuell mehreren in Betracht kommenden Arbeitnehmern zu kündigen ist.

Diese Vorgabe des Kündigungsschutzgesetzes zur Auswahl des zu kündigenden Arbeitnehmers bezeichnet man als soziale Auswahl. Zunächst ist in einem ersten Schritt die Gruppe der Arbeitnehmer zu bestimmen, unter denen später die soziale Auswahl nach den oben genannten Kriterien Betriebszugehörigkeit, Lebensalter, Unterhaltspflichten und Schwerbehinderung vorzunehmen ist. In diese Vergleichsgruppe einzubeziehen sind Arbeitnehmer mit vergleichbaren Arbeitsplätzen und demselben Rang.

Damit bei Massenkündigungen im Rahmen der Sozialauswahl durch Kündigung nur der jüngeren Mitarbeiter keine Überalterung des Betriebs stattfindet, hat der Arbeitgeber die Möglichkeit, zunächst Altersgruppen zu bilden und anschließend innerhalb der Altersgruppen die Sozialauswahl nach den übrigen Kriterien Betriebszugehörigkeit, Unterhaltspflichten und gegebenenfalls Schwerbehinderung durchzuführen. Damit wird die Bevorzugung älterer Arbeitnehmer bei der Sozialauswahl relativiert. Dies bedeutet keinen Verstoß gegen das Verbot der Altersdiskriminierung nach dem Allgemeinen Gleichbehandlungsgesetz.

In einem zweiten Schritt muss der Arbeitgeber die Auswahlentscheidung anhand der gesetzlich vorgegebenen Kriterien Betriebszugehörigkeit, Lebensalter, Unterhaltspflichten und Schwerbehinderung treffen. Dem Arbeitgeber steht bei der Gewichtung der Kriterien ein gewisser Spielraum zu, was Auswirkung darauf haben kann, welchem Mitarbeiter zu kündigen ist. Die Auswahlentscheidung muss jedoch nachvollziehbar und vertretbar sein.

In einem dritten und letzten Schritt ist zu prüfen, ob bestimmte Arbeitnehmer nicht in die soziale Auswahl einzubeziehen sind, weil deren Weiterbeschäftigung – insbesondere wegen ihrer Kenntnisse, Fähigkeiten und Leistungen oder zur Sicherung einer ausgewogenen Personalstruktur des Betriebes – im berechtigten betrieblichen Interesse liegt.

KANN MEIN ARBEITGEBER MIR FRISTLOS KÜNDIGEN?

Die Kündigung eines Arbeitsverhältnisses ohne Einhaltung der Kündigungsfristen ist nur bei Vorliegen eines »wichtigen Grundes« möglich. Gemäß § 626 Abs. 1 BGB müssen »Tatsachen vorliegen, aufgrund derer dem Kündigenden unter Berücksichtigung aller Umstände des Einzelfalls und unter Abwägung der Interessen beider Vertragsteile die Fortsetzung des Dienstverhältnisses bis zum Ablauf der Kündigungsfrist oder bis zur vereinbarten Beendigung des Dienstverhältnisses nicht zugemutet werden kann«. Die außerordentliche Kündigung bedarf gemäß § 623 BGB der Schriftform. Von diesem Schriftformerfordernis kann auch nicht durch Arbeitsvertrag, Tarifvertrag oder Betriebsvereinbarung abgewichen werden. In dem Kündigungsschreiben muss nicht ausdrücklich fristlos gekündigt werden. Es ist ausreichend, wenn aus der Kündigungserklärung für den Empfänger eindeutig und zweifelsfrei entnommen werden kann, dass das Arbeitsverhältnis in keinem Fall fortgesetzt und die Beschäftigung sofort eingestellt werden soll. Die fristlose Kündigung muss in dem Kündigungsschreiben nicht zwingend begründet werden. Der Arbeitnehmer kann jedoch gemäß § 626 Abs. 2 BGB verlangen, dass der Arbeitgeber ihm die Gründe schriftlich mitteilt. Tut der Arbeitgeber dies trotz entsprechender Aufforderung nicht, macht er sich schadensersatzpflichtig.

WANN LIEGT DER FÜR EINE AUSSERORDENTLICHE KÜNDIGUNG »WICHTIGE GRUND« VOR?

Ein wichtiger Grund liegt nach der Definition des Bundesarbeitsgerichts vor, wenn Tatsachen vorliegen, aufgrund derer dem Kündigenden unter Berücksichtigung aller Umstände des Einzelfalls und unter Abwägung der Interessen beider Vertragsteile nicht zugemutet werden kann, das Arbeitsverhältnis bis zum Ablauf der Kündigungsfrist fortzusetzen. Dazu können gehören: Alkoholkonsum, Arbeitsbummelei, betriebliche Gründe, Beleidigungen, Stören des Betriebsfriedens, mangelnde Fähigkeiten, Haft, Krankheit, Drohung mit Krankheit, Verhinderung schneller Genesung, Vortäuschung einer Krankheit, nicht genehmigte Nebentätigkeiten, Annahme von Schmiergeldern, sittliche Verfehlungen, Straftaten, eigenmächtiger Urlaubsantritt, Verdacht einer Straftat oder auch der Verstoß gegen die Verschwiegenheitspflicht.

KANN DER ARBEITGEBER DEM ARBEITNEHMER KÜNDIGEN, WENN DER ARBEITNEHMER IN VERDACHT STEHT, EINE PFLICHTVERLETZUNG (ZUM BEISPIEL EINE STRAFTAT) BEGANGEN ZU HABEN?

Hintergrund der sogenannten Verdachtskündigung ist immer der entstandene Vertrauensverlust aufseiten des Arbeitgebers. Ob es sich um eine Verdachtskündigung handelt, richtet sich immer danach, worauf der Arbeitgeber die Kündigung gestützt hat. Der Arbeitgeber muss daher deutlich machen, dass er die Kündigung wegen des Verdachts ausspricht. Da der Arbeitnehmer lediglich aufgrund eines Verdachts seinen Arbeitsplatz verlieren kann, ist die Verdachtskündigung an strenge Voraussetzungen geknüpft. Es müssen zunächst objektive, zum Zeitpunkt der Kündigung vorliegende Tatsachen einen Verdacht rechtfertigen. Es muss eine große Wahrscheinlichkeit bestehen, dass der Arbeitnehmer die Pflichtverletzung tatsächlich begangen hat. Bloße auf Vermutungen gestützte Verdächtigungen sind nicht ausreichend. Es ist daher Voraussetzung, dass die unterstellte bewiesene Tat eine fristlose Tatkündigung rechtfertigen würde. Zur Aufklärung des Sachverhalts muss der Arbeitgeber alles Zumutbare getan haben. Er ist sogar berechtigt, hierzu heimliche Videoaufnahmen heranzuziehen. Dies gilt allerdings nur, wenn bereits ein konkreter Verdacht einer strafbaren Handlung besteht und mildere Mittel zur Sachverhaltsaufklärung ausgeschöpft sind. Zudem darf die Videoüberwachung nicht unverhältnismäßig sein. Von entscheidender Bedeutung ist, dass der Arbeitgeber den Arbeitnehmer vor Ausspruch einer Verdachtskündigung anhört. Der Arbeitnehmer muss die Gelegenheit haben, sich zu dem Vorwurf zu äußern und eine Stellungnahme abzugeben. Die Verdachtskündigung muss überdies verhältnismäßig sein.

WORIN BESTEHT DER UNTERSCHIED ZWISCHEN EINER PERSONENBEDINGTEN, VERHALTENSBEDINGTEN UND BETRIEBSBEDINGTEN KÜNDIGUNG?

Bei den Kündigungsgründen wird gemäß § 1 Abs. 2 Satz 1 KSchG (Kündigungsschutzgesetz) zwischen personenbedingten, verhaltensbedingten und betriebsbedingten Gründen unterschieden. Die betriebsbedingten Gründe liegen in der Sphäre des Arbeitgebers, während die personenbedingten und verhaltensbedingten Gründe in der Sphäre des Arbeitnehmers liegen. Bei personenbedingten Gründen kann der Arbeitnehmer seine arbeitsvertraglichen Pflichten nicht ordnungsgemäß erfüllen (keine vorwerfbare Verletzung der arbeitsvertraglichen Pflichten), während er bei verhaltensbedingten Gründen seine arbeitsvertraglichen Pflichten nicht ordnungsgemäß erfüllen will (vorwerfbare Verletzung der arbeitsvertraglichen Pflichten). Die Unterscheidung zwischen Nichtkönnen und Nichtwollen ist wesentlich für die Frage, ob vor Ausspruch einer Kündigung eine vorherige Abmahnung erforderlich ist. Will ein Arbeitnehmer seine arbeitsvertraglichen Pflichten nicht ordnungsgemäß erfüllen, ist eine vorherige Abmahnung als milderes Mittel gegenüber der Kündigung grundsätzlich geeignet, eine Verhaltensänderung herbeizuführen.

WAS BEDEUTET »SONDERKÜNDIGUNGSSCHUTZ«?

Im Rahmen des Arbeitsrechts gibt es einen Schutz besonderer Personengruppen. Diese fallen unter den sogenannten Sonderkündigungsschutz. So ist zum Beispiel eine Kündigung einer Frau während der Schwangerschaft bis zum Ablauf von vier Monaten nach einer Fehlgeburt nach der zwölften Schwangerschaftswoche und bis zum Ende der Schutzfrist nach der Entbindung, mindestens jedoch bis zum Ablauf von vier Monaten nach der Entbindung, gemäß § 17 MuSchG (Mutterschutzgesetz) unzulässig, wenn dem Arbeitgeber die Schwangerschaft bekannt war. Ebenso gibt es einen Sonderkündigungsschutz für schwerbehinderte und ihnen gleichgestellten behinderten Menschen gemäß §§ 168ff. SGB IX. Danach bedarf es dabei einer Kündigung durch den Arbeitgeber einer vorherigen Zustimmung des Integrationsamts. Zusätzlich gibt es noch weitere Regelungen, die dem Sonderkündigungsschutz unterfallen: zum Beispiel Kündigung während der Elternzeit, der Pflegezeit oder die Kündigung für Mitglieder eines Betriebsrats.

WAS FÄLLT ALLES UNTER »DISKRIMINIERUNG AM ARBEITSPLATZ«?

Verstöße gegen das Allgemeine Gleichbehandlungsgesetz (AGG) können zu einer Unwirksamkeit einer Kündigung führen. Aber ab wann spricht man von einer Diskriminierung? Gemäß § 6 Abs. 1 S. 2 AGG gelten bereits Bewerberinnen und Bewerber als Beschäftigte. Folglich kommt eine mögliche Diskriminierung bereits im Bewerbungsverfahren in Betracht. So verstößt zum Beispiel eine Stellenausschreibung unmittelbar gegen das Altersdiskriminierungsverbot, wenn eine »junge Bewerberin« gesucht wird. Ebenso diskriminierend ist eine Benachteiligung wegen der sexuellen Identität. Das Verbot, ein Kopftuch zu tragen, stellt hingegen keine unmittelbare Diskriminierung dar, denn »ein Kopftuch kann jeder tragen«. Auch die Forderung nach dem Besuch von Deutsch-Sprachkursen stellt keine unmittelbare Diskriminierung dar, wenn die Forderung nach ausreichenden Kenntnissen aufgrund der Tätigkeit des jeweiligen Arbeitnehmers sachlich gerechtfertigt ist.

WAS KANN ICH MACHEN, WENN MEIN ARBEITGEBER MIR MEINEN LOHN NICHT ZAHLT?

Rückständiges Arbeitsentgelt, zum Beispiel Lohn oder Gehalt, wird grundsätzlich vor dem für Sie zuständigen Arbeitsgericht eingeklagt. Gemäß den gesetzlichen Verjährungsfristen der §§ 195ff. BGB verjährt der Lohnanspruch spätestens drei Jahre nach dem Schluss des Kalenderjahres, in dem der Anspruch entstanden ist und der Anspruchsinhaber, also der Arbeitnehmer, von den maßgeblichen Umständen Kenntnis erlangte oder ohne grobe Fahrlässigkeit hätte erlangen müssen. Sofern im Arbeitsvertrag, Tarifvertrag oder in der Betriebsvereinbarung nichts anderes vereinbart ist, ist der Lohn am 1. Werktag des Folgemonats fällig. Natürlich sollten auch hier das Betriebsklima und der nötige Respekt gegenüber dem Arbeitgeber abgewogen werden, bevor die Klage auf Lohnzahlung am Arbeitsgericht eingereicht wird. Daher sollte man grundsätzlich – zumindest in einem »gesunden Unternehmen« – den Arbeitgeber auf den rückständigen Lohn aufmerksam machen; häufig lässt sich dann eine schnelle gemeinsame Lösung ohne Klageverfahren finden.

DARF MEIN ARBEITGEBER MICH OHNE NACHFRAGE FÜR DIE NACHTSCHICHTEN EINTEILEN?

Auch wenn das Arbeitszeitgesetz keine konkreten Vorgaben enthält, unter welchen Voraussetzungen Nachtarbeit möglich, zulässig oder zu beschränken ist, so wurde zumindest bestimmt, dass das Arbeitszeitgesetz generell für alle Wirtschaftszweige, einschließlich des öffentlichen Diensts, für Männer und Frauen zu gelten habe. Als weiterer Grundsatz ist bestimmt, dass die Arbeitszeit der Nachtarbeitnehmer nach »gesicherten Erkenntnissen über die menschengerechte Gestaltung der Arbeitszeit« festzulegen ist. Hierzu zählt insbesondere die Vermeidung von Gesundheitsrisiken im Zuge von Nachtarbeit, dies auch im Zusammenhang mit Schichtsystemen zuungunsten des Arbeitnehmers.

Unter dem Begriff der Nachtzeit ist die Zeit von 23:00 Uhr bis 06:00 Uhr zu fassen. Als Nachtarbeit wird jede Arbeit bezeichnet, die mehr als zwei Stunden der Nachtzeit umfasst. Grundsätzlich beläuft sich die gesetzlich höchstzulässige Arbeitszeit der Nachtarbeitnehmer und für andere Arbeitnehmer auf werktäglich acht Stunden, jedoch mit der Möglichkeit, sie auf bis zu zehn Stunden zu verlängern. Bei der Nachtarbeit muss auch der entsprechende Familienschutz berücksichtigt werden. So hat der Arbeitnehmer einen Anspruch auf Umsetzung auf einen geeigneten Tagesarbeitsplatz, sofern dies im Interesse notwendiger Kinderbetreuung gerechtfertigt ist. Die gleichen Grundsätze gelten auch für Arbeitnehmer, die einen schwer pflegebedürftigen Angehörigen zu versorgen haben, der nicht von einem anderen im Haushalt lebenden Angehörigen versorgt werden kann.

BEKOMME ICH DANN WENIGSTENS MEHR GEHALT WÄHREND DER NACHTSCHICHT?

Der Arbeitgeber hat dem Nachtarbeitnehmer für die während der Nachtzeit geleisteten Arbeitsstunden eine angemessene Zahl bezahlter freier Tage oder einen angemessenen Zuschlag auf das ihm für die Nachtarbeit zustehende Bruttoarbeitsentgelt zu gewähren, sofern tarifvertraglich keine Regelungen eingreifen. Dabei hat grundsätzlich der Arbeitgeber ein gesetzliches Wahlrecht im Sinne von § 262 BGB, nach dem er dem Arbeitnehmer Freizeitausgleich oder entsprechende Nachtzuschläge gewähren kann. Dabei gilt jedoch zu beachten, dass grundsätzlich kein Vorrang des Freizeitausgleichs besteht. Das Bundesarbeitsgericht sieht für die Arbeitsstunden zwischen 23:00 Uhr und 06:00 Uhr einen Zuschlag in Höhe von 25 Prozent auf den Bruttostundenlohn als angemessen an, sofern die Arbeitszeit regelmäßig in den vorgenannten Zeitraum fällt. Bei besonderer Belastung durch Dauernachtarbeit erhöht sich dieser Anspruch sogar in der Regel auf 30 Prozent. Hiervon ausgenommen sind jedoch tarifvertragliche Regelungen, nach welchen Nachtarbeitszuschläge bereits im Tarifentgelt abgegolten sind. Auch im Einzelarbeitsvertrag kann eine pauschale Abgeltung vereinbart werden. Sofern der Arbeitnehmer keinen Ausgleich in Form eines »Zahlungsbetrags« an Nachtzuschlägen erhält oder verlangt, hat er zumindest einen Anspruch auf Freizeitausgleich.

BESTEHT EIN ANSPRUCH AUF TRINKGELD? BLEIBT DAS GELD WIRKLICH BEIM KELLNER, WENN ICH ES DIESEM GEBE?

Als Trinkgeld wird grundsätzlich eine Leistung (Geldzahlung) des Kunden des Arbeitgebers an dessen Arbeitnehmer verstanden, auf die kein Rechtsanspruch besteht. Der Arbeitnehmer ist auch dazu befugt, das

Trinkgeld anzunehmen, dies richtet sich jedoch im Einzelfall nach der Verkehrsanschauung. So ist in bestimmten Bereichen, wie etwa dem Taxi-, Gaststätten- oder Friseurgewerbe, das Trinkgeld eine übliche Dienstleistung des Kunden, wohingegen in anderen Bereichen, etwa bei Behörden, die Annahme von Trinkgeldern pflichtwidrig untersagt ist. Auch ist ein entgegengenommenes Trinkgeld gegebenenfalls mit dem übrigen Personal zu teilen – dies ist zum Beispiel bei Küchenpersonal üblich, da es selbst keinen Kundenkontakt hat. Eine Verpflichtung hierzu muss aber wiederum durch eine sogenannte Betriebsvereinbarung oder vertraglich vereinbart sein.

Sofern vertraglich das Trinkgeld als Vergütungsbestandteil vereinbart ist, besteht auf das Trinkgeld auch bei urlaubs- oder krankheitsbedingter Abwesenheit ein Anspruch, dass zum fortzuzahlenden Entgelt das zu erwartende Trinkgeld ausgezahlt werden muss. Grundsätzlich besteht keine Verpflichtung des Arbeitnehmers gegenüber dem Arbeitgeber, diesem über die Höhe der erzielten Trinkgeldeinnahmen Auskunft zu erteilen. Sollte jedoch ein berechtigtes rechtliches Interesse des Arbeitgebers bestehen, zum Beispiel durch die verpflichtende Teilung des Trinkgelds mit dem Küchenpersonal, so muss der Arbeitnehmer die Höhe des Trinkgeldes benennen. Ferner liegt ein berechtigtes Interesse vor, sofern das Trinkgeld vertraglicher Vergütungsbestandteil ist oder wenn der Arbeitgeber die Auskunft zur Ermittlung bezüglich Lohnsteuerabzüge benötigt.

WANN MUSS ICH EINE VERTRAGSSTRAFE ZAHLEN?

Gemäß § 339 BGB geht man von einer Vertragsstrafe aus, wenn der Schuldner (in der Praxis häufig der Arbeitnehmer) arbeitsvertraglich verpflichtet ist, an den Gläubiger (in der Praxis häufig der Arbeitgeber) für den Fall der Nichterfüllung oder der nicht ordnungsgemäßen Erfüllung seiner arbeitsvertraglichen Verbindlichkeiten eine Geldsumme zu zahlen. In der Praxis werden solche Klauseln meist für den Fall verwandt, dass der Arbeitnehmer seine Tätigkeit vertragswidrig nicht aufnimmt oder ohne Einhaltung der vereinbarten Kündigungsfrist auflöst. Hintergrund und Zweck einer solchen Vertragsstrafe ist regelmäßig die Verwendung als Druck- und Sicherungsmittel.

Vertragsstrafenvereinbarungen unterliegen grundsätzlich der Vertragsfreiheit der Arbeitsvertragsparteien gemäß § 105 GewO (Gewerbeordnung), § 311 Abs. 1 BGB. Beschränkungen dieser Vertragsfreiheit können sich aus höherrangigem Recht oder Tarifrecht ergeben. Der Schutz des Arbeitnehmers wird durch die regelmäßig vorzunehmende Inhaltskontrolle gewährleistet. Da Vertragsstrafen regelmäßig in Formulararbeitsverträgen verwandt werden, unterliegen sie der Inhaltskontrolle kraft der Vorschriften für Allgemeine Geschäftsbedingungen gemäß den §§ 305 ff. BGB. Zu prüfen ist im Rahmen der Inhaltskontrolle, ob die jeweilige Vertragsstrafenabrede klar und bestimmt formuliert ist und ob sie angemessen gemäß § 307 BGB ist. Pauschale Zahlungsverpflichtungen für die »Verletzung von Vertragspflichten« sind unwirksam. Unangemessen und somit unwirksam ist eine Klausel, wenn sie den Arbeitnehmer entgegen den Geboten von Treu und Glauben unangemessen belastet. Voraussetzung ist daher zunächst ein berechtigtes Interesse des Arbeitgebers an der Sicherung der Vertragspflichten.

DARF DER ARBEITGEBER DEN ARBEITSPLATZ DURCH VIDEO-AUFZEICHNUNGEN ÜBERWACHEN?

Das Persönlichkeitsrecht, das als Recht des Einzelnen auf Achtung seiner Menschenwürde und auf Entfaltung seiner individuellen Persönlichkeit definiert wird, ist als höchstes Gut des Arbeitnehmers zu schützen. Begrenzt werden kann der Anspruch des Arbeitnehmers auf Persönlichkeitsschutz nur durch entgegenstehende schützenswerte betriebliche Interessen des Arbeitgebers. Ein berechtigtes Arbeitgeberinteresse kann zum Beispiel an der Wahrung der betrieblichen Ordnung, am Schutz des Unternehmenseigentums oder an der Geheimhaltung von Betriebsgeheimhaltung bestehen. Insofern sind systematische und ständige Überwachung, ohne dass ein Anfangsverdacht hinsichtlich begangener Straftaten oder gravierender Pflichtverletzungen des Arbeitnehmers besteht, äußerst bedenklich.

Grundsätzlich gilt jedoch die Gesamtsituation, sodass es insbesondere die betrieblichen im Vergleich zu den persönlichen Interessen abzuwägen gilt. So muss zum Beispiel immer in die Abwägung miteinfließen, welche Bereiche des Arbeitsalltags des Arbeitnehmers videoüberwacht werden. Sowohl der visuelle Ausschnitt der einzelnen Videoüberwachung als auch der Zeitrahmen müssen in die Entscheidung miteinfließen. Sofern also in diesem Zusammenhang eine Beobachtung des Arbeitnehmers in Bereichen stattfindet, in denen seine Privatsphäre tangiert wird, wie in Umkleide- oder Pausenräumen, dürfte dies gegen eine rechtlich zulässige Videoüberwachung sprechen. Hingegen dürfte die Videoüberwachung von Lagerräumen und Produktionswerkstätten, in denen es bereits wiederholt zu Diebstählen und ungerechtfertigter Mitnahme von Firmeneigentum kam, der rechtlichen Überprüfung standhalten. Es bedarf also immer einer Abwägung aller Interessen und des Einzelfalls, um eine verbindliche Aussage treffen zu können, ob eine entsprechende Überwachung und Kontrollmaßnahmen im Zuge von Video-/Fernsehüberwachung rechtmäßig sind.

HABE ICH EINEN ANSPRUCH AUF EINE ENTSPRECHENDE ENTSCHÄDIGUNG, WENN DIE VIDEOAUFZEICHNUNG NICHT RECHTMÄSSIG ERFOLGTE?

Grundsätzlich hat der Arbeitnehmer Anspruch auf Unterlassung, sofern es zu nicht rechtlich gedeckten und begründeten Videoüberwachungen kommt, aber er kann auch eine Geldentschädigung in Betracht ziehen, jedoch nur in dem Fall, dass die Beeinträchtigung der Videoüberwachung mit der verbundenen Persönlichkeitsrechtsverletzung nicht auf andere Weise befriedigend ausgeglichen werden kann. Die Zubilligung einer entsprechenden Geldentschädigung im Fall einer schweren Persönlichkeitsrechtsverletzung beruht nach Auffassung der Gerichte auf dem Gedanken, dass ohne einen solchen Anspruch Verletzungen der Würde und Ehre des Menschen häufig ohne Sanktionen blieben, mit der Folge, dass der Rechtsschutz der Persönlichkeit verkümmern würde. Bezüglich der Höhe der Entschädigung kann man sich vor allem an der Höhe der monatlichen Vergütung orientieren, sodass auch diesbezüglich unter Abwägung des Eingriffs in die Persönlichkeitsrechte die Schadensforderung entsprechend anzupassen ist.

WAS IST UNTER DEM BEGRIFF DES WETTBEWERBSVERBOTS IN MEINEM ARBEITSVERTRAG ZU VERSTEHEN?

Wettbewerbsverbot bedeutet die Untersagung, ein Handelsgewerbe konkurrierender Art oder einzelne Geschäfte, die im Geschäftsbereich des Arbeitgebers liegen, zu betreiben. Es spielt keine Rolle, ob der Arbeitnehmer ein regelrechtes Handelsgewerbe betreibt oder lediglich hin und wieder mal tätig wird. Dieser Rechtsgrundsatz findet sich in § 60 des Handelsgesetzbuches (HGB). Das HGB und somit auch der besagte Rechtsgrundsatz des § 60 HGB betrifft jedoch grundsätzlich nur kaufmännische Angestellte. Dies lässt die Frage aufkommen, ob und wenn ja inwieweit diese nur für kaufmännische Angestellte geltende Regelung auch auf andere Arbeitnehmer Anwendung findet. Die Antwort ist recht unkompliziert. Auch für alle anderen Arbeitnehmer gilt der Rechtsgrundsatz des Wettbewerbsverbots. Während sich bei kaufmännischen Angestellten der Grundsatz des Wettbewerbsverbots aus § 60 Abs. 1 HGB ergibt, wird er bei allen anderen Arten von Arbeitnehmern aus dem allgemeinen Rechtsgrundsatz von »Treu und Glauben« nach § 242 des Bürgerlichen Gesetzbuchs (BGB) hergeleitet.

WAS SIND BEISPIELE FÜR VERBOTENE KONKURRENZGESCHÄFTE EINES ARBEITNEHMERS?

Verbotene Konkurrenzgeschäfte betreibt ein Arbeitnehmer insbesondere dann, wenn die von ihm betriebenen Geschäfte innerhalb des Geschäftszweigs des Arbeitgebers liegen und die Erzielung von Unternehmergewinn zum Gegenstand haben. Mithin kommt es darauf an, ob die Geschäfte einen spekulativen Charakter besitzen. Dazu gehören zum Beispiel: Abwerben von Kunden des Arbeitgebers, unverhältnismäßig hohe finanzielle Unterstützung eines Konkurrenten durch den Arbeitnehmer (beispielsweise Gewährung eines nicht unerheblichen Darlehens), Abwerben von Angestellten des Arbeitgebers zum Zweck der Gründung eines eigenen/anderen, mit dem Arbeitgeber konkurrierenden Unternehmens, Beteiligung an einem konkurrierenden Unternehmen, die über das Maß einer Kleinanlage eines Verbrauchers hinausgeht und eher auf unternehmerischen Gewinn abzielt.

WAS HAT ES MIT EINEM SOLCHEN NACHTRÄGLICHEN WETTBEWERBSVERBOT GENAUER AUF SICH? WIE KANN EIN SOLCHES AUSSEHEN?

Ein nachvertragliches Wettbewerbsverbot stellt eine vertragliche Vereinbarung zwischen Arbeitgeber und Arbeitnehmer dar, mit der sich der Arbeitgeber das Unterlassen von konkurrierenden Tätigkeiten des Arbeitnehmers für eine bestimmte Zeit nach Beendigung des Arbeitsverhältnisses erkauft. Erkaufen meint hierbei den Umstand, dass der Arbeitgeber den Arbeitnehmer dafür entschädigt, dass er auch nach Beendigung des Arbeitsverhältnisses im Geschäftszweig des Arbeitgebers nicht in Wettbewerb tritt. Diese Entschädigung bezeichnet man als Karenzentschädigung. Sie dient dem Arbeitgeber zur Absicherung, da sich ein möglicher Schaden, der durch das Tätigwerden eines ehemaligen Angestellten auf dem Markt nur schwer einschätzen lässt und von geringfügig bis existenzgefährdend jegliches Ausmaß annehmen kann. Durch die Karenzentschädigung kann dieses Ausmaß kontrolliert werden, auch wenn es für das Unternehmen eine nicht unerhebliche finanzielle Belastung darstellen kann.

HABE ICH EINEN ANSPRUCH AUF DIE AUSSTELLUNG EINES ARBEITSZEUGNISSES?

Dem Arbeitnehmer steht bei Beendigung des Arbeitsverhältnisses ein Anspruch auf ein Arbeitszeugnis zu. Dieser Anspruch ergibt sich aus § 109 GewO. Das Zeugnis muss klar und verständlich formuliert sein und darf keine Formulierungen enthalten, die den Zweck haben, eine versteckte nachteilige Beurteilung über den Arbeitnehmer zu treffen.

Es muss sämtliche wesentlichen Tatsachen und Bewertungen beinhalten, die für eine Gesamtbeurteilung des Arbeitnehmers von Bedeutung und für den neuen Arbeitgeber von Interesse sind. Hierzu kann sogar ein Strafverfahren gegen den Arbeitnehmer gehören. Arbeitsqualität, Arbeitsumfang, Schnelligkeit, Ökonomie, Fachkenntnisse, Arbeitsbereitschaft, Ausdrucksvermögen und Verhandlungsgeschick müssen berücksichtigt werden. Das Endzeugnis ist spätestens mit Ablauf der Kündigungsfrist zu erteilen und auszuhändigen (letzter Tag des Arbeitsverhältnisses nach ordentlicher Kündigung). Verwendet der Arbeitgeber im geschäftlichen Verkehr einen Briefbogen, besteht ein Anspruch des Arbeitnehmers auf ein Zeugnis auf diesem Briefbogen.

Das Zeugnis dient dem Arbeitnehmer in erster Linie zur Bewerbung bei einem neuen Arbeitgeber. Die Angaben zu Leistung und Verhalten des Arbeitnehmers müssen daher wahr und wohlwollend formuliert sein. Jeder Arbeitnehmer hat einen Anspruch auf ein wohlwollendes Arbeitszeugnis. Dies ergibt sich bereits aus dem Gesetz. Die Formulierungen dürfen das berufliche Fortkommen nicht ungerechtfertigt erschweren. Beim Wohlwollen ist der Maßstab eines verständigen Arbeitgebers anzulegen. Im Übrigen ergibt sich das verständige Wohlwollen auch aus der Fürsorgepflicht des Arbeitgebers. Zu beachten ist, dass auch eine ausreichende Beurteilung im Einzelfall noch wohlwollend sein kann.

WIESO MUSS ICH BEI MEINEM ARBEITGEBER EIN FÜHRUNGSZEUGNIS VORLEGEN?

Das Führungszeugnis, früher auch als polizeiliches Führungszeugnis bekannt, ist ein Auszug aus dem Bundeszentralregister, der von jeder Person, die das 14. Lebensjahr vollendet hat oder von deren gesetzlichem Vertreter, beantragt werden kann. Es gibt je nach Antragsteller und

Zweck verschiedene Führungszeugnisse. Für persönliche Zwecke – zum Beispiel für eine Bewerbung – kann ein Privatführungszeugnis bei den Meldebehörden beantragt werden, wozu ein persönliches Vorsprechen notwendig ist, um zu verhindern, dass jemand anders unberechtigt das Führungszeugnis eines Dritten beantragt. Behörden können, wenn Sie beabsichtigen, einer Person hoheitliche Aufgaben zu übertragen (beispielsweise bei Eintritt in den Staats- oder Landesdienst), Einsicht in das Führungszeugnis verlangen. Dies ist jedoch nur dann der Fall, wenn die Person nicht gewillt ist, persönlich das Führungszeugnis bereitzustellen. Zunächst einmal sind die Inhalte eines Führungszeugnisses in § 32 BZRG (Bundeszentralregistergesetz) geregelt. Nicht alle Inhalte des Bundeszentralregisters sind auch im Führungszeugnis aufgeführt. Damit sollen insbesondere Straftätern der Einstieg ins Berufsleben und die Resozialisierung ermöglicht werden.

HABE ICH EIN RECHT ZU STREIKEN?

Die juristische Bezeichnung des Streiks ist der »Arbeitskampf«. Gemäß Art. 9 Abs. 3 GG (Grundgesetz) ist für jedermann und für alle Berufe das Recht, zur Wahrung und Förderung der Arbeits- und Wirtschaftsbedingungen Vereinigungen zu bilden, gewährleistet. Dieses Grundrecht ist die sogenannte Koalitionsfreiheit. Demnach dürfen sich Arbeitnehmer und Arbeitgeber in Verbänden zusammenschließen, um gemeinsam ihre jeweiligen Interessen wahrzunehmen. So können Arbeitnehmer ihre Interessenvertreter, zum Beispiel die jeweilige Gewerkschaft, beauftragen, mit den jeweiligen Arbeitgebern über eine Lohnerhöhung oder verbesserte Arbeitszeiten zu verhandeln. Sollte keine Einigung erzielt werden können, kommt es in der Folge oft zum »Streik« der Arbeitnehmer. Dieser kann darin bestehen, dass die Arbeitnehmer nicht am Arbeitsplatz erscheinen oder am Arbeitsplatz demonstrieren und ihre Arbeit nicht aufnehmen. Dieser Arbeitskampf kann auch vom

Arbeitgeber ausgehen, die sogenannte Aussperrung. Dabei werden die Arbeitnehmer in der Regel nicht zu ihrem Arbeitsplatz gelassen und können, selbst wenn sie wollten, die Arbeit nicht aufnehmen. Sollte der Arbeitskampf beendet sein, werden die Arbeitsverhältnisse wieder normal aufgenommen.

HABE ICH EIN RECHT AUF EINE JÄHRLICHE BONUSZAHLUNG?

Die »betriebliche Übung« ist ein im Arbeitsrecht häufig vorkommender Anspruch. Mit seinem Urteil vom 13.05.2015 – Az. 10 AZR 266/14 rückt das Bundesarbeitsgericht von seinem bisherigen Standpunkt ab. Hiernach konnte eine »betriebliche Übung« nur entstehen, wenn die Sonderzahlungen jährlich in gleicher Höhe beziehungsweise auf gleicher Basis erfolgten. Eine betriebliche Übung entstand bislang nicht, wenn der Arbeitgeber die Leistung zwar dreimal in Folge erbrachte, sie aber jährlich in individueller Höhe erfolgte. Dies wurde damit begründet, dass, wenn der Arbeitgeber seine Zahlungen nicht in gleichmäßiger Höhe gewährt, er damit verdeutlicht, dass er in jedem Jahr neu »nach Gutdünken« über die Zahlung einer solchen Zuwendung entscheiden möchte.

Die neue Rechtsprechung des Bundesarbeitsgerichts rückt von diesem Grundsatz ab. Seiner jüngsten Entscheidung nach kann ein Arbeitnehmer nun auch aus der dreimaligen Gewährung einer Sonderzahlung in unterschiedlicher Höhe auf eine jährliche Sonderzahlung vertrauen. Der Arbeitgeber behält sich durch die variable Höhe der jährlichen Gratifikation lediglich ein Ermessen über die Höhe der Sonderzahlung vor. Begründet wird dies mit dem Argument, dass vom Betriebsergebnis abhängige Sonderzahlungen stets in der Höhe schwanken können. Ein konkludenter (unausgesprochener) Vorbehalt über die Zahlung an sich, sei aus einer solchen Verhaltensweise nicht ersichtlich.

MUSS DER ARBEITGEBER IM WINTER DIE HEIZUNG ANSTELLEN?

Über die neue Energiesparverordnung haben Arbeitgeber die Möglichkeit, die geltenden Grenzwerte übergangsweise um ein Grad Celsius zu unterschreiten. Die Mindesttemperaturen im Büro müssen danach für körperlich leichte und überwiegend sitzende Tätigkeit 19 Grad Celsius, für körperlich leichte Tätigkeit überwiegend im Stehen oder Gehen 18 Grad Celsius, für mittelschwere und überwiegend sitzende Tätigkeit 18 Grad Celsius und für mittelschwere Tätigkeit überwiegend im Stehen oder Gehen 16 Grad Celsius betragen. Für körperlich schwere Tätigkeit muss die Mindesttemperatur weiterhin 12 Grad Celsius betragen. Auch an den Regelungen für die Raumtemperatur in Pausen-, Bereitschafts-, Liege-, Sanitär-, Kantinen- und Erste-Hilfe-Räumen, die mindestens 21 Grad vorsehen, ändert sich vorläufig nichts.

MUSS ICH ALS ARBEITNEHMER ZUR WEIHNACHTSFEIER GEHEN?

Aus Sicht des Arbeitsrechts ist die Weihnachtsfeier keine Pflichtveranstaltung. Sofern sie außerhalb der Arbeitszeit stattfindet, kann jeder selbst entscheiden, ob er lieber zu Hause bleiben oder mit den Kollegen feiern möchte. Aber auch wenn die Veranstaltung während der üblichen Arbeitszeit stattfindet, muss niemand hingehen, der dies nicht möchte. Die Teilnahme an der Weihnachtsfeier gehört nämlich nicht zu den vertraglichen Leistungspflichten der Mitarbeiter. Welche Leistung der Mitarbeiter erbringen muss und welche nicht, hängt in erster Linie davon ab, was vertraglich vereinbart wurde. Es kommt vor allem darauf an, für welche Tätigkeit der Mitarbeiter eingestellt wurde. Die Teilnahme an einer Weihnachtsfeier gehört (meistens) nicht zu den vertraglichen Aufgaben. Findet die Feier während der Arbeitszeit statt, können die Feiermuffel nicht einfach nach Hause gehen, sondern müssen stattdessen arbeiten oder sich für den Tag Urlaub nehmen. Nur wer zur Feier kommt, ist von der Arbeit befreit.

MUSS MEIN ARBEITGEBER EINE WEIHNACHTSFEIER AUSRICHTEN?

Der Arbeitgeber ist grundsätzlich nicht verpflichtet, eine Weihnachtsfeier auszurichten. Allerdings ist es durchaus denkbar, dass eine »betriebliche Übung« entsteht, wenn der Arbeitgeber schon immer eine Feier ausgerichtet hat und die Mitarbeiter dadurch den Eindruck bekommen konnten, es werde auch in den kommenden Jahren eine Weihnachtsfeier geben. Dann muss unter Umständen auch im nächsten Jahr gefeiert werden. Durch Freiwilligkeitsvorbehalte in Arbeitsverträgen wird häufig versucht, das Entstehen einer betrieblichen Übung zu verhindern. Solche Klauseln sind aber sehr oft wirkungslos. Wer sichergehen will, müsste schon in der Einladung zur Weihnachtsfeier feierlich erklären, dass die Weihnachtsfeier freiwillig ist und der Arbeitgeber im nächsten Jahr aus freien Stücken entscheiden wird, ob er eine Feier ausrichtet oder nicht. Es bedarf eigentlich keiner Erwähnung, dass dies eher eine theoretische Möglichkeit darstellt.

HABE ICH ANSPRUCH AUF MEINEN ARBEITSLOHN, WENN ICH UNVERSCHULDET, ZUM BEISPIEL WEGEN BLITZEIS, ZU SPÄT ZUR ARBEIT KOMME?

Im Hinblick auf dieses Risiko bleibt es für die Vergütung nicht geleisteter Arbeit bei dem Grundsatz »Ohne Arbeit kein Lohn«. Kommt ein Mitarbeiter also zu spät, kann der Arbeitgeber grundsätzlich den Lohn für die verspätete Zeit kürzen, wenn die Arbeit nicht nachgeholt werden kann, so zum Beispiel bei festen Arbeitszeiten. Bei Gleitarbeitszeit kann der Arbeitnehmer hingegen seinen Lohnanspruch durch Nacharbeiten in voller Höhe retten. Unabhängig davon darf ein verspäteter Arbeitnehmer wegen Verstoßes gegen seine arbeitsvertraglichen Pflichten abgemahnt werden – was im Wiederholungsfall sogar zu einer verhaltensbedingten Kündigung führen kann. Der Arbeitgeber muss dafür nicht nachweisen, dass der Betriebsablauf gestört wurde. Es reichen die Verspätungen als solche aus. Gegebenenfalls enthalten Tarifverträge oder Betriebsvereinbarungen für die Arbeitnehmer günstigere Regelungen bei kurzfristigen (witterungsbedingten) Verspätungen.

WANN UND INWIEWEIT VERFÄLLT DER NICHT GENOMMENE URLAUB?

Das Bundesarbeitsgericht hat in seinem hoch brisanten Urteil vom 20.12.2022, Az. 9 AZR 266/20, festgestellt, dass Urlaub nur noch dann verjährt, wenn Unternehmen ihre Beschäftigten vorher explizit darauf hingewiesen haben, dass ihnen noch freie Tage für das jeweilige Jahr zustehen. Eine bloße allgemein gehaltene Rundmail an die Abteilung reicht dabei als Hinweis nicht aus. Die Nachricht muss jeden Beschäftigten individuell auf seine offenen Urlaubstage hinweisen. Auf die dreijährige Verjährungsfrist, die man aus dem Bürgerlichen Gesetzbuch kennt, können sich Arbeitgeber nach dem Urteil ebenso wenig berufen wie auf den Verfall des Urlaubs spätestens zum 31. März des Folgejahres, der sich aus dem Bundesurlaubsgesetz ergibt. Der Arbeitgeber muss dabei beweisen, dass der Urlaub tatsächlich gewährt wurde, also trifft nach dem neuen Urteil des Bundesarbeitsgerichts den Arbeitgeber die Darlegungs- und Beweislast über genommenen oder nicht genommenen Urlaub.

HABE ICH ALS ARBEITNEHMER DIE PFLICHT, MEINEM ARBEITGEBER MEINE KRANKHEITEN MITZUTEILEN?

Aus dem Grundsatz von Treu und Glauben gemäß § 242 BGB ergibt sich, dass dem Arbeitnehmer gewisse Aufklärungspflichten erwachsen. Sollte der Arbeitgeber zum Beispiel beim Vorstellungsgespräch Fragen nach möglichen Vorerkrankungen stellen, so müsste der potenzielle Arbeitnehmer solche Tatsachen mitteilen, durch die die Erfüllung der arbeitsvertraglichen Pflicht der Arbeitserbringung unmöglich wäre und die für den Arbeitsplatz von ausschlaggebender Bedeutung sind. Kann man als Arbeitnehmer zum Beispiel aufgrund einer schweren Allergie seine Arbeitsleistung faktisch nicht erbringen und hat dies auch schon beim Vorstellungsgespräch gewusst, so besteht die Pflicht für den Arbeitnehmer diesen Umstand dem potenziellen Arbeitgeber mitzuteilen. Kommt der Arbeitsvertrag durch das Verschweigen der Krankheit dennoch zustande und tritt in der Folgezeit die Arbeitsunfähigkeit des Arbeitnehmers ein, könnte der Arbeitgeber ein Recht dazu haben, den Arbeitsvertrag wegen arglistiger Täuschung gem. § 123 BGB anzufechten.

DARF DER ARBEITGEBER IM VORSTELLUNGSGESPRÄCH NACH DEN ABITURNOTEN FRAGEN?

Häufig stellen Arbeitgeber während des Vorstellungsgesprächs sehr private Fragen, die den jeweiligen Bewerber in dem Recht der informationellen Selbstbestimmung, seinem allgemeinen Persönlichkeitsrecht oder auch seiner Berufsfreiheit einschränken. Daher muss der Arbeitgeber ein berechtigtes, billigenswertes und schutzwürdiges Interesse an den Fragen nachweisen können. Dazu sind Fragen nach der fachlichen Qualifikation, einer absolvierten oder einer universitären Ausbildung sowie Fragen hinsichtlich des beruflichen Werdegangs generell zulässig. Da es sich bei dem Abiturzeugnis um das Ergebnis der schulischen Ausbildung handelt, hat der Arbeitgeber durchaus ein berechtigtes billigenswertes und schutzwürdiges Interesse an dem Notendurchschnitt des potenziellen Arbeitnehmers. Wie im obigen Beispiel hätte der Arbeitgeber auch hier im Nachhinein das Recht, den Arbeitsvertrag wegen arglistiger Täuschung gemäß § 123 BGB anzufechten, wenn der potenzielle Arbeitnehmer den potenziellen Arbeitgeber vorsätzlich über den Abiturnotendurchschnitt getäuscht hat.

DARF DER ARBEITGEBER IM VORSTELLUNGSGESPRÄCH NACH EINER SCHWANGERSCHAFT FRAGEN?

Diese Frage betrifft den Intimbereich der Arbeitnehmerin, der als besonders schutzwürdig gilt. Dieser Bereich lässt sich den Grundsätzen des allgemeinen Persönlichkeitsrechts einer jeden Person gemäß Art. 2 Abs. 1 GG in Verbindung mit Art. 1 Abs. 1 GG entnehmen. Fragen bei einem Vorstellungsgespräch, die den Intimbereich betreffen, sind generell unzulässig. Diesen steht das absolut geschützte Arbeitnehmerinteresse entgegen. Der Europäische Gerichtshof hat bereits im Jahr 2006 entschieden, dass zu den absolut geschützten Arbeitnehmerinneninteressen auch die Frage nach der Schwangerschaft gehört. Denn eine solche dürfe nicht zu Nachteilen auf dem Arbeitsmarkt führen. Selbst wenn der angestrebte Beruf durch eine schwangere Person nicht ausführbar wäre, so ist die Frage nach einer Schwangerschaft dennoch unzulässig. Die oben noch behandelte Aufklärungspflicht aus Treu und Glauben gemäß § 242 BGB bei möglichen Vorerkrankungen ist hier nicht einschlägig. Daraus lässt sich auch ableiten, dass der Arbeitgeber nicht den Arbeitsvertrag im Nachhinein kündigen darf. Vielmehr haben die potenziellen Arbeitnehmerinnen das Recht bei einer unzulässigen Frage zu schweigen oder die Unwahrheit zu sagen.

DARF DER ARBEITGEBER WEGEN POSTS AUF SOCIAL MEDIA EINE FRISTLOSE KÜNDIGUNG AUSSPRECHEN?

Diese Rechtsfrage hängt entscheidend von den Umständen des Einzelfalls ab. Dabei ist insbesondere zu beachten, ob der Arbeitnehmer arbeitsvertragliche Pflichten so schwerwiegend verletzt hat, dass eine fristlose Kündigung gerechtfertigt erscheint. So hat zum Beispiel das Landesarbeitsgericht Berlin-Brandenburg im Jahr 2014 entschieden, dass eine Kündigung, die gegenüber einer Krankenpflegerin ausgesprochen wurde, die Fotos von Patienten in sozialen Netzwerken veröffentlicht hatte, gerechtfertigt war. Auch Beleidigungen gegenüber den Arbeitskollegen, dem Arbeitgeber oder dem Unternehmen können im Einzelfall so schwerwiegend wirken, dass eine fristlose Kündigung gerechtfertigt erscheint.

WAS MUSS ICH BEI EINER KRANK-MELDUNG NEUERDINGS BEACHTEN?

Muss ich eine Krankmeldung persönlich bei meinem Arbeitgeber vorbeibringen? Und muss ich das noch am ersten Tag meiner Krankheit machen, oder reicht es, die Krankmeldung einzureichen, wenn ich wieder gesund bin? All diese Fragen müssen sich Arbeitnehmer seit dem 01.01.2023 nicht mehr stellen. Seit diesem Datum gibt es die Krankmeldung für gesetzlich versicherte Arbeitnehmer nur noch in digitaler Form. Diese digitale Krankmeldung muss sich anschließend der Arbeitgeber bei der jeweiligen gesetzlichen Krankenversicherung einholen. Die Übermittlung der Krankmeldung erfolgt aus datenschutzrechtlichen Gründen über eine spezielle Telematik-Infrastruktur, sodass sich Arbeitnehmer keine Sorgen über die Angabe von ihnen möglicherweise unangenehmen Gründen machen müssen.

WAS KANN ICH TUN, WENN MEIN ARBEITGEBER MIR MEIN GEHALT UNPÜNKTLICH ZAHLT?

Ist das Gehalt nicht pünktlich auf dem Konto, sucht man als Erstes das Gespräch mit dem Arbeitgeber und versucht im freundlichen Umgang zu klären, was die Ursache ist. Bleibt das fruchtlos und wird das Gehalt weiterhin nicht ausgezahlt, können weitere Schritte eingeleitet werden. Der Arbeitgeber wird schriftlich mit Fristsetzung zur Zahlung aufgefordert. Dies sollte aus Gründen der Nachweisbarkeit in jedem Fall schriftlich erfolgen, also per Einschreiben mit Rückschein. Sollte die Zahlung des Gehalts immer noch ausbleiben, könnte eine Arbeitsverweigerung in Betracht kommen. Diese sollte allerdings ebenfalls schriftlich angedroht werden, mit nochmaliger Fristsetzung zur Gehaltszahlung. Erst nach Ablauf dieser Frist ist die Arbeitsverweigerung zulässig.

Aber Achtung: Es gibt Fälle, bei denen eine Arbeitsverweigerung nicht in Betracht kommt. Neben den zuvor aufgezählten Maßnahmen steht dem Arbeitnehmer ein pauschaler Schadensersatzanspruch in Höhe von 40 Euro je verspäteter Gehaltszahlung zu. Dies folgt aus dem im Jahr 2014 eingefügten § 288 Abs. 5 BGB. Das Bundesarbeitsgericht vertritt jedoch die Ansicht, dass die gesetzliche Regelung der 40-Euro-Pauschale im Arbeitsverhältnis nicht anwendbar ist. Anders ist die Auffassung der meisten Landesarbeitsgerichte: Bei der 40-Euro-Pauschale handle es sich um eine Erweiterung der gesetzlichen Regelungen zum Verzugszins, der auch auf Arbeitsentgeltansprüche zu zahlen sei, zum Beispiel: LAG Sachsen, Urteil vom 17.7.2019, Az: 2 Sa 364/18; ArbG Köln, Urteil vom 14.2.2019, Az: 8 Ca 4245/18; LAG Baden-Württemberg, Urteil vom 9.10.2017, Az: 4 Sa 8/17; LAG Berlin-Brandenburg, Urteil vom 22.3.2017, Az: 15 Sa 1992/16; LAG Niedersachsen Urteil vom 20.4.2017, Az. 5 Sa 1263/16; LAG Baden-Württemberg, Urteil vom 13.10.2016, Az: 3 Sa 34/16.

DARF DER NEUE ARBEITGEBER BEI DEM ALTEN ARBEITGEBER INFORMATIONEN ÜBER DAS ALTE ARBEITSVERHÄLTNIS EINHOLEN?

Grundsätzlich darf der mögliche neue Arbeitgeber nur mit der Einwilligung des potenziellen Arbeitnehmers bei Dritten personenbezogene Daten erfragen. Als Arbeitnehmer kann man verlangen, Auskunft über den Inhalt dieser Fragen zu erhalten. Sollte man sich während eines noch bestehenden Arbeitsverhältnisses bei einem neuen Arbeitgeber bewerben, so hat der »neue« Arbeitgeber die Bewerbung vertraulich zu behandeln. Eine direkte Anfrage bei dem »alten« Arbeitgeber ist unzulässig. Die einzige Ausnahme einer zulässigen Nachfrage ist das Einverständnis. Sollte man seinem »alten« oder »neuen« Arbeitgeber das Einverständnis zur Einholung von Informationen gestatten, so ist dies natürlich zulässig. In einem solchen Fall ist der jeweilige Arbeitgeber aber im Rahmen der arbeitsrechtlichen Fürsorgepflicht dazu verpflichtet, eine wahrheitsgemäße Auskunft zu erteilen. Die Auskünfte dürfen nicht über jenes Maß hinausgehen, das auch für ein zu erstellendes Arbeitszeugnis gilt. Auch dies muss wahrheitsgemäß und wohlwollend ausfallen. Für die Erstellung eines Arbeitszeugnisses gilt ebenso die nachwirkende Fürsorgepflicht.

DARF DER ARBEITGEBER INFORMATIONEN ÜBER SEINE ARBEITNEHMER ERHEBEN ODER SPEICHERN?

Diese Frage richtet sich nach der Datenschutz-Grundverordnung (DS-GVO), die vom Bundesdatenschutzgesetz (BDSG) ergänzt wird. Der Begriff der personenbezogenen Daten ist dabei in Art. 4 Abs. 1 DS-GVO definiert. Danach sind personenbezogene Daten alle Informationen, die sich auf eine identifizierte oder identifizierbare natürliche Person beziehen. Gemäß § 26 Abs. 1 S. 1 BDSG dürfen diese Daten für Zwecke des Beschäftigungsverhältnisses verarbeitet werden, wenn dies für die Entscheidung über die Begründung eines Beschäftigungsverhältnisses oder nach Begründung des Beschäftigungsverhältnisses für dessen Durchführung oder Beendigung oder zur Ausübung oder Erfüllung der sich aus einem Gesetz oder einem Tarifvertrag, einer Betriebs- oder Dienstvereinbarung (Kollektivvereinbarung) ergebenden Rechte und Pflichten der Interessenvertretung der Beschäftigten erforderlich ist.

HABE ICH ALS MINIJOBBER ODER TEILZEITARBEITNEHMER DEN GLEICHEN LOHNANSPRUCH WIE VOLLZEITBESCHÄFTIGTE?

Zu dieser hochbrisanten Frage hat sich das Bundesarbeitsgericht in einer Entscheidung vom 18.01.2023 (Az. 5 AZR 108/22) geäußert. Darin hat das Bundesarbeitsgericht festgelegt, dass »gleiches Geld für gleiche Arbeit« gezahlt werden muss. In dem Urteil sprachen die Richter des Bundesarbeitsgerichts einem »nebenamtlich« tätigen Rettungsassistenten den gleichen Lohn zu, wie einem »hauptamtlichen« Rettungsassistenten. Der Stundenlohn aller Teilzeitbeschäftigten und aller Minijobber muss also dementsprechend angepasst werden. Diese Regelung gilt auch rückwirkend. Im Ergebnis bedeutet das, dass allen Arbeitnehmern für die vergangenen drei Jahre rückwirkend der Lohn nachträglich ausgezahlt werden muss.

IHRE RECHTE IM STRASSENVERKEHR

DARF MAN AUSNAHMSWEISE AUF DER AUTOBAHN RECHTS ÜBERHOLEN?

Grundsätzlich ist das Rechtsüberholen auf der Autobahn verboten. Jeder Grundsatz hält aber die eine oder andere Ausnahme bereit. So steht in § 7 Abs. 2 StVO, dass das Rechtsüberholen auf Autobahnen und autobahnähnlich ausgebauten Straßen in zwei Fällen gestattet ist. So ist es zum einen gestattet, rechts zu überholen, wenn der Verkehr so dicht ist, dass sich auf dem Fahrstreifen für eine Richtung Fahrzeugschlangen gebildet haben und der Verkehr rechts schneller als links vorangeht. Zum anderen darf mit geringfügig höherer Geschwindigkeit und mit äußerster Vorsicht rechts überholt werden, wenn der Verkehr auf dem linken Fahrstreifen steht oder langsam fließt. Langsam fahren bedeutet in dem Fall nicht schneller als 60 km/h. Wenn der Verkehr komplett steht, darf man rechts mit einer Geschwindigkeit von maximal 20 km/h überholen. Wenn der Verkehr auf dem linken Fahrstreifen langsam in Bewegung ist, so darf rechts höchstens mit einer Differenzgeschwindigkeit von 20 km/h gefahren werden, sodass rechts maximal 80 km/h erlaubt sind.

DÜRFEN SICH MOTORRADFAHRER IM STAU DURCHSCHLÄNGELN?

Für Motorradfahrer gilt ebenfalls ein grundsätzliches »Rechts-Überholverbot«. Es ist jedoch generell erlaubt, dass diese im Stau links überholen dürfen. Dabei müssen Motorradfahrer jedoch darauf achten, einen ausreichenden Sicherheitsabstand zur Fahrzeugkolonne auf der rechten Seite sowie zum Gegenverkehr von der entgegenkommenden Seite einzuhalten. Vor allem darf die Fahrbahnmarkierung nicht überfahren werden, da man dadurch nicht nur sich selbst, sondern auch weitere Verkehrsteilnehmer in Gefahr bringt. Ein Überholen der Autos ohne

Überfahren der Fahrbahnmarkierung ist aber unter Einhaltung des ausreichenden Sicherheitsabstands kaum möglich. Daher wird von einem Überholen der Fahrzeuge auf der linken Seite generell abgeraten.

DARF MAN ALKOHOLISIERT FAHRRAD FAHREN?

Wird bei einem Radfahrer eine Blutalkoholkonzentration von 1,6 Promille oder höher festgestellt, wird die Fahruntüchtigkeit nach der Rechtsprechung unwiderleglich vermutet. Es bedarf bei der sogenannten absoluten Fahruntüchtigkeit also keines weiteren Hinzutretens von Ausfallerscheinungen oder einer Gefahr für Personen oder Sachen. Zu unterscheiden davon ist die sogenannte relative Fahruntüchtigkeit. Diese liegt zwischen einem Wert von 0,3 und 1,1 Promille. Dabei dürfte es bei einem Wert von 0,3 Promille auf dem Fahrrad zunächst nicht zur Ahndung mit einem Bußgeld führen. Fällt man allerdings im Straßenverkehr durch Ausfallerscheinungen auf, wie zum Beispiel Schlangenlinienfahren, Überfahren von roten Ampeln oder Missachtung von Verkehrsschildern, so können diese nicht mehr bloß eine Ordnungswidrigkeit, sondern bereits eine Straftat sein.

GILT DIE PROMILLEGRENZE FÜR FAHRRADFAHRER AUCH FÜR FAHRER VON E-SCOOTERN?

Die Promillegrenzen für Fahrradfahrer wurden bereits oben dargelegt. Nichts anderes gilt für Elektroroller-Fahrer. Dabei begeht auch derjenige, der mit 0,5 bis 1,09 Promille fährt und keine alkoholbedingten Auffälligkeiten zeigt, eine Ordnungswidrigkeit. Diese Ordnungswidrigkeit hat einen Bußgeldbescheid zur Folge. Dabei drohen eine Geldstrafe von bis zu 500 Euro, ein Monat Fahrverbot und zwei Punkte in Flensburg. Überschreitet man die Promillegrenze und hat eine Blutalkoholkonzentration von 1,1 Promille und mehr, verwandelt sich die Ordnungswidrigkeit in eine Straftat. Von einer Straftat kann aber auch bereits ab einer Blutalkoholkonzentration von 0,3 Promille die Rede sein, wenn man als Fahrer alkoholbedingte Ausfallerscheinungen zeigt. Dies kann zum Beispiel Fahren in »Schlangenlinien« oder eine Missachtung der Verkehrsregeln sein.

Praxistipp für alle Fahrer unter 21 Jahren und Fahranfänger: Für diese gilt die absolute Grenze von 0,0 Promille. Sie dürfen auf keinen Fall unter Alkoholeinfluss mit einem Elektroroller oder einem sonstigen Gefährt am Straßenverkehr teilnehmen.

DARF MAN IM STAU AUS DEM AUTO AUSSTEIGEN?

Wer kennt es denn nicht? Der erste Ferientag, und man fährt voller Vorfreude los, aber auf einmal steht man in einem kilometerlangen Stau auf der Autobahn, und kein einziges Fahrzeug bewegt sich mehr. Darf ich jetzt aus dem Auto aussteigen, um mir die Beine zu vertreten? Ganz klar: Nein! Das Betreten von Autobahnen ist generell verboten. Die einzige legitime Ausnahme ist zur Absicherung eines Unfalls oder einer Fahrzeugpanne. Dabei sollte man das Fahrzeug möglichst auf dem Standstreifen abstellen, ein Warndreieck aufstellen, eine Warnweste überziehen und anschließend hinter der Leitplanke Schutz suchen, um den herannahenden Verkehr nicht zu gefährden.

FÄHRT NUR SCHWARZ, WER »HEIMLICH« OHNE TICKET FÄHRT?

Wer in der Bahn oder im Bus ohne Ticket fährt, begeht eine Straftat. Zusätzlich muss man in der Regel eine Vertragsstrafe an den Bahnbetreiber zahlen, diese variiert zwischen 40 und 60 Euro. Gesetzlich geregelt ist dies in § 265 a StGB, dem sogenannten Erschleichen von Leistungen, hier also das Erschleichen der Beförderung. Dafür reicht es aus, wenn man ein öffentliches Verkehrsmittel unberechtigt nutzt und dabei vorgibt, dass man einen Fahrschein gekauft hätte und folglich das Verkehrsmittel rechtmäßig benutze.

Praxistipp: Sie sollten lieber auch für kurze Fahrten einen Fahrschein kaufen und nie ohne Ticket ein öffentliches Verkehrsmittel nutzen. Denn sollten sich die Straftaten des »Schwarzfahrens« anhäufen, kann man sogar vor dem Strafrichter landen und eine Geld- oder sogar eine Freiheitsstrafe vom Gericht auferlegt bekommen. Zwar möchte die Ampelkoalition das »Schwarzfahren« zu einer Ordnungswidrigkeit herabstufen, dies ist aber bisher noch nicht geschehen.

FÄHRT MAN AUCH DANN SCHWARZ, WENN DER AUTOMAT KAPUTT IST?

Und wie lautet die Regelung, wenn der Fahrkartenautomat an der Haltestelle defekt ist? Natürlich gibt es noch Alternativen, einen Fahrschein zu kaufen. So gibt es in einigen Bundesländern in Bussen oder Bahnen auch Automaten, an denen man während der Fahrt einen Fahrschein kaufen kann. Sollten jedoch alle verfügbaren Automaten defekt sein, und es besteht keine Möglichkeit, einen Fahrschein zu kaufen, so darf man auch ohne Ticket einsteigen. Vorsichtshalber sollte man sich jedoch zumindest die Einstiegshaltestelle und die Uhrzeit notieren, sodass man im Fall einer Kontrolle, diese Informationen an die Kontrolleure weitergeben kann. Beim Fernverkehr mit der Deutschen Bahn besteht zudem die Möglichkeit, einen Fahrschein beim Bahnpersonal zu erwerben. Von dieser Möglichkeit sollte auf jeden Fall Gebrauch gemacht werden, um möglichen Schwierigkeiten vorzubeugen.

DARF MAN BEIM RADFAHREN MUSIK HÖREN?

Wer kennt es denn nicht? Egal ob man sich als Autofahrer über Radfahrer aufregt, die Kopfhörer in beiden Ohren haben und den Straßenverkehr um sich herum vergessen, oder ob man sich als Fahrradfahrer die Kopfhörer aufsetzt, um bei der Fahrt mit Musik etwas zu entspannen. Aber was ist denn eigentlich erlaubt und was nicht? Grundsätzlich müssen sich auch Fahrradfahrer an die Regeln der Straßenverkehrsordnung halten. Es gibt dahingehend keine Regel oder kein Gesetz, das Musikhören mit Kopfhörern im Straßenverkehr verbietet. Dabei kommt es vielmehr maßgeblich auf die Lautstärke an. So müssen Radfahrer, genau wie die Autofahrer, noch in der Lage sein, das Geschehen des Straßenverkehrs ausreichend zu überblicken und vor allem in der Lage sein, Geräusche wie Hupen der anderen Verkehrsteilnehmer oder die Sirene eines Polizei- oder Krankenwagens zu hören. Zu laute Musik ist daher nicht nur eine Gefahr für die eigene Sicherheit im Straßenverkehr, sondern auch für alle anderen Verkehrsteilnehmer.

DARF ICH MICH DURCH VERHÜLLUNG VOR EINEM BLITZER-FOTO SCHÜTZEN?

Grundsätzlich muss das Blitzerfoto eine einwandfreie Identifizierung des Fahrers ermöglichen. Das bedeutet, er muss zum Beispiel anhand seiner Gesichtszüge oder anderer markanter Merkmale wie Augen, Mund oder Nase erkennbar sein. Ein Autofahrer muss gut erkennbar sein, damit die Behörden etwa einen Tempoverstoß dem entsprechenden Betroffenen zuordnen können. Dies schreibt die Straßenverkehrsordnung in § 23 Abs. 4 StVO vor. Verstöße gegen diese Pflicht können laut aktuellem Bußgeldkatalog mit einem Bußgeld in Höhe von 60 Euro geahndet werden. Punkte in Flensburg gibt es für den Corona-Mundschutz am Steuer jedoch nicht. Wenn Sie also einen Mundschutz beim Autofahren tragen wollen, sollten Sie darauf achten, dass die ausschlaggebenden Gesichtszüge im Wesentlichen weiterhin zu erkennen sind. Es sollten wirklich nur Nase und Mund verdeckt werden, damit eine Identifizierung weiterhin möglich ist. Kann ein Fahrer nicht ermittelt werden, stehen der Behörde unter anderem weitreichende Maßnahmen zur Verfügung, wie die Verhängung der Auflage zur Führung eines Fahrtenbuches.

DARF ICH EINE PARKLÜCKE FREI HALTEN?

Bei dieser Frage handelt es sich um ein weit verbreitetes Phänomen, was jeder von uns schon einmal erlebt hat. Man freut sich, nach langer Parkplatzsuche endlich einen Parkplatz gefunden zu haben. Doch dann steht in der Lücke eine Person, die uns sagt, dass Sie den Parkplatz frei hält. Doch ist das überhaupt erlaubt? Im Straßenverkehr gilt die Regel, dass derjenige, der eine Parklücke mit seinem Pkw zuerst erreicht, dort parken darf. Auch im Straßenverkehr gibt es allgemeine Verhaltenspflichten, an die sich alle Teilnehmer zu halten haben. Dazu gehört unter anderem, dass man einen Parkplatz nicht blockieren darf, um diesen für seinen Bekannten oder seine Freundin frei zu halten. Das OLG Naumburg (Beschluss vom 26.05.1997 – 2 Ss 54/97) hat entschieden: »Gegenüber der berechtigterweise nach § 12 Abs. 5 StVO in die Parklücke einfahrenden Angeklagten stellt das dreiste und verkehrsfremde Verhalten der Zeugin eine Verkehrsordnungswidrigkeit nach § 1 Abs. 2 StVO dar. In einem solchen Fall ist die Erzwingung eines Parkplatzes nicht sozial verwerflich im Sinne von § 240 Abs. 2 StGB, wenn das Hineinfahren in die Parklücke in maßvoller Weise geschieht und die dort stehende Person keiner erheblichen Gefährdung ausgesetzt ist.«

SIND BLITZER-APPS LEGAL?

In Deutschland ist jede automatisierte Warnung vor Geschwindigkeitsmessanlagen verboten. Technische Geräte (zum Beispiel reine Radarwarner) darf man nicht betreiben und noch nicht einmal betriebsbereit mitführen. Navigationsgeräte, die Blitzer anzeigen, und Blitzer-Apps im Smartphone dürfen nicht verwendet werden. Warnt das Radio vor Radarfallen, ist das rechtlich grundsätzlich in Ordnung. Lässt sich der Autofahrer hingegen von einem Programm auf seinem Handy – einer Blitzer-App – warnen, ist das verboten. Besonders logisch und konsequent ist das nicht. Aber so ist die Rechtslage. § 23 Abs. 1c StVO verbietet es Autofahrern, während der Fahrt eine Blitzer-App zu benutzen. Die Oberlandesgerichte Rostock (Az. 21 Ss Owi 38/17 [Z]) und Celle (Az. 2 Ss (OWi) 313/15) haben dies bestätigt. Ahndet die Polizei einen solchen Verstoß, bekommt der Autofahrer ein Bußgeld in Höhe von 75 Euro sowie einen Punkt in Flensburg.

Das Verbot von Blitzer-Apps trifft laut Straßenverkehrsordnung nur den Fahrer eines Autos. Der Beifahrer ist nicht Führer eines Kraftfahrzeugs. Es könnte demnach durchaus erlaubt sein, dass der Beifahrer eine Blitzer-App auf seinem Handy öffnet und nutzt. Allerdings gibt es auch Verkehrsjuristen, die der Ansicht sind, dass sich Beifahrer in einem solchen Fall als »Beteiligte« ordnungswidrig verhalten. Wie Gerichte die Beifahrerproblematik bewerten, bleibt abzuwarten. Noch gibt es keine Urteile dazu. In jedem Fall wäre es zulässig, wenn der Fahrer sich mit seinem Handy vor der Fahrt oder während einer Pause auf dem Rastplatz über die App informiert.

DARF ICH IM AUTO DAS HANDY BENUTZEN?

Das Handyverbot im Auto ist nicht nur auf das Telefonieren beschränkt, es untersagt jede Art der Nutzung gemäß § 23 Abs. 1a StVO. Das heißt, es ist grundsätzlich verboten, das Handy während der Fahrt zu bedienen. Dieses Verbot betrifft übrigens nicht nur das reine Telefonieren, sondern auch das Tippen von Nachrichten, sei es auf Facebook oder per SMS oder E-Mail. Aber nicht nur das Bedienen von Mobiltelefonen ist untersagt. Auch alle weiteren elektronischen Geräte, die »der Kommunikation, Information oder Organisation« dienen – sprich Geräte der Unterhaltungselektronik oder Geräte zur Ortsbestimmung, insbesondere Mobiltelefone oder Autotelefone, Berührungsbildschirme, tragbare Flachrechner, Navigationsgeräte, Fernseher oder Abspielgeräte mit Videofunktion oder Audiorekorder –, dürfen während der Fahrt nicht bedient werden. Das gilt auch für Videobrillen und andere auf dem Kopf getragene visuelle Ausgabegeräte. Nur wenn das Gerät über eine Sichtfeldprojektion verfügt, darf diese für fahrzeugbezogene, verkehrszeichenbezogene, fahrtbezogene oder fahrtbegleitende Informationen benutzt werden.

DARF ICH IM AUTO SCHLAFEN?

Aus verkehrsrechtlicher Sicht ist es durchaus erlaubt, im Auto zu übernachten. Aber man sollte darauf achten, wo man sein Fahrzeug abstellt. Privatgrundstücke sind ohne das Einverständnis der Eigentümer genauso tabu wie offizielle Halteverbote, die von der Straßenverkehrsordnung festgelegt sind. Auch in Baustellennähe sollte man besser von einer Nacht im Auto absehen. Theoretisch könnte man sogar wochenlang im Wagen schlafen. Das Problem hierbei ist jedoch, dass man keine Spuren außerhalb des Fahrzeuges hinterlassen darf. Wenn man also vorschriftsmäßig parkt, keinen Müll außerhalb des Fahrzeugs hinterlässt und den Parkplatz nicht zur Toilette macht, ist das Schlafen im Auto erlaubt. Da in Deutschland eine Meldepflicht besteht, wird das Einwohnermeldeamt Ärger machen, wenn man keine Wohnung anmeldet. Und ein Fahrzeug wird als Wohnung nicht akzeptiert.

DARF MAN VOR DEM ÜBERHOLEN DIE LICHTHUPE BENUTZEN?

Wann man die Lichthupe benutzen darf, legt § 16 Abs. 1 StVO fest. Gemäß diesem Gesetz gibt es nur zwei Situationen, in denen man als Verkehrsteilnehmer dieses besondere Warnzeichen benutzen darf. So zum Beispiel, wenn man außerhalb geschlossener Ortschaften ein anderes Fahrzeug überholt oder wenn man eine Gefährdung für sich selbst oder für andere Verkehrsteilnehmer wahrnimmt. Sollte man sich also auf der Autobahn auf der linken Spur befinden, und man nimmt bereits wahr, dass in einiger Entfernung ein Auto auf der linken Spur um einiges langsamer unterwegs ist, darf man von Weitem mit der Lichthupe auf sich aufmerksam machen. Damit wird dem Vorausfahrenden signalisiert, dass man ein Überholen des Autos anstrebt, und man gibt diesem die Gelegenheit, auf die rechte oder die mittlere Spur auszuweichen.

Die Lichthupe sollte aber niemals regelmäßig und aufdringlich im Straßenverkehr genutzt werden, nur weil die anderen Verkehrsteilnehmer langsamer fahren als man selbst. Dieses Verhalten käme einer Nötigung im Sinne des § 240 StGB gleich und stellt eine Straftat dar.

DARF ICH MIT MEINEM FAHRRAD AUF DEM ZEBRASTREIFEN FAHREN?

Wenn man als Radfahrer den Zebrastreifen überqueren möchte, sollte man absteigen und das Fahrrad schieben oder es wie einen Roller benutzen. So genießt man Vorrang vor den Autos und anderen Verkehrsteilnehmern. Sollte die Straße frei und weit und breit kein Auto in Sicht sein, darf man den Zebrastreifen auch auf dem Fahrrad fahrend überqueren. Sollte es in einem solchen Fall jedoch zu einem Unfall kommen, kann aber dem Fahrradfahrer als Verursacher möglicherweise ein Mitverschulden angelastet werden. Dies hat das Landgericht Frankenthal bestimmt im Fall einer Radfahrerin, die plötzlich von einem Radweg abbiegend auf den Zebrastreifen fuhr und dabei mit einem Auto kollidierte. Ist das Einschwenken des Radfahrers für den Autofahrer nicht absehbar und ein Unfall daher unvermeidbar, kann dem Radler unter Umständen sogar die alleinige Schuld zugesprochen werden (Az. 2 S 193/10).

DARF MAN DAUERHAFT AUF DER AUTOBAHN AUF DER MITTELSPUR FAHREN?

Was bedeutet eigentlich das sogenannte Rechtsfahrgebot? Nach § 2 Abs. 2 Straßenverkehrsordnung (StVO) gilt der Grundsatz, dass Autofahrer möglichst weit rechts fahren sollen. Dies gilt nicht nur vor Kurven, Kuppen oder an unübersichtlichen Stellen, sondern im Allgemeinen. Natürlich bedeutet dies nicht, dass man sein Auto eng an den rechten Straßenrand lenken muss. Vielmehr sollte man zur seitlichen Begrenzung circa einen Meter Abstand halten. Auf Autobahnen ist man außerdem verpflichtet, die rechte Fahrspur zu nutzen. Auf einer zweispurigen Autobahn darf man daher den linken Fahrstreifen nicht permanent befahren. Innerorts darf man hingegen seine Fahrspur frei wählen, wenn man mit einem Pkw bis zu 3,5 Tonnen unterwegs ist. Auf mehrspurigen Autobahnen, auch auf einer dreispurigen Autobahn, muss man den rechten Fahrstreifen benutzen. Will man dort ein Fahrzeug überholen, darf man natürlich auf die mittlere oder ganz linke Spur wechseln. Nach dem Überholvorgang muss man jedoch wieder in die rechte Spur einscheren.

Trotzdem kann es erlaubt sein, durchgehend auf der Mittelspur zu fahren. Dies ist sogar in der Straßenverkehrsordnung so festgelegt, in § 7 Abs. 1 StVO. Es kommt dabei auf die Verkehrsdichte an. Ausreichend ist es schon, wenn auf der rechten Spur hin und wieder ein anderes, langsameres Fahrzeug fährt. Fahrer auf der Mittelspur müssen also nicht jede Lücke auf der rechten Spur nutzen, um wieder nach rechts zu fahren. Vielmehr dürfen sie bei mittlerer Verkehrsdichte auch auf der Mittelspur bleiben.

MUSS ICH ALS FAHRRADFAHRER EINEN BESCHÄDIGTEN FAHRRADWEG BENUTZEN?

Erst wenn sich der Radweg in einem derartig schlechten Zustand befindet, dass Radfahrer auch mit niedriger Geschwindigkeit nicht sicher dort fahren können, liegt eine Unzumutbarkeit vor, und Fahrradfahrer dürfen in diesen Abschnitten vorübergehend auf die Straße wechseln. Eine allgemeine Benutzungspflicht für Radwege existiert in Deutschland aktuell nicht. Nur wenn die Verkehrszeichen 237, 240 oder 241 an einem Radweg angebracht sind, müssen die Radfahrer ihn im Regelfall zwingend benutzen.

Die Nutzungspflicht besteht nur dann nicht, wenn das Befahren des Radwegs im konkreten Fall unzumutbar ist. Doch wann ist die Nutzung unzumutbar? Mit dieser Frage haben sich schon einige Gerichte beschäftigt. Der Grund: Eine Unzumutbarkeit müsse in jedem Einzelfall gesondert überprüft werden. In einem Urteil hat der Bundesgerichtshof im Jahr 1995 entschieden, dass die Benutzung eines Radwegs dann unzumutbar ist, wenn dieser vereist ist. Auch tiefer Schnee oder Löcher im Radweg stellen in der Regel eine unzumutbare Beeinträchtigung dar. Unzumutbar ist die Benutzung auch, wenn derart viele Wurzeln auf dem Fahrradweg sind, dass die Benutzung eine konkrete Gefahr für den Fahrradfahrer darstellen würde.

DARF ICH IN DER ZWEITEN REIHE PARKEN, WENN ICH KEINEN PARKPLATZ FINDE?

Ein allgemein bekanntes Problem im Straßenverkehr: Man sucht eine gefühlte Ewigkeit nach einem Parkplatz, und dann kostet das Parken auch noch 2 Euro für 20 Minuten. Dabei möchte man doch nur kurz die bestellte Pizza abholen. Darf ich mich dann in die zweite Reihe stellen und den Warnblinker anmachen? Ganz klar: Nein! Durch das verbotene Abstellen des Autos gefährdet man den Straßenverkehr. Außerdem setzt man den Warnblinker missbräuchlich ein, was ebenso nicht erlaubt ist. Daher drohen im Fall des Erwischens direkt zwei Bußgelder: ein Bußgeld für den Parkverstoß und ein Bußgeld für den Verstoß wegen des missbräuchlichen Einsatzes des Warnblinkers. Dieser darf nur in Gefahrensituationen, wie zum Beispiel einer Panne, eingesetzt werden.

DARF ICH MICH AUF EINEN PARKPLATZ STELLEN UND DABEI IM AUTO SITZEN BLEIBEN, OBWOHL DER PARKPLATZ EIGENTLICH ETWAS KOSTET?

Die Antwort auf diese Frage findet sich in der Straßenverkehrsordnung. Der § 12 Abs. 2 StVO bestimmt: »Wer sein Fahrzeug verlässt oder länger als drei Minuten hält, der parkt.« Wenn ich mich nun mit meinem Fahrzeug auf einen Parkplatz stelle und dort länger als drei Minuten stehen bleibe, dann habe ich gemäß der Straßenverkehrsordnung geparkt. Somit muss ich auch einen Parkschein ziehen und diesen sichtbar ins Auto legen, unabhängig davon, ob ich noch im Auto sitze oder das Auto verlasse. Im Einzelfall hängt es aber von den diensthabenden Mitarbeitern des Ordnungsamts ab, ob sie mir einen Strafzettel verpassen oder mich zur Weiterfahrt auffordern. Denn den Beamten steht ein gewisser Ermessensspielraum in ihren Entscheidungen zu. Doch um sich einen möglichen Strafzettel oder Ärger mit den Beamten zu ersparen, sollte man einfach einen Parkschein ziehen.

DARF ICH MEIN HANDY IM AUTO BENUTZEN, WENN ICH STEHE?

Es gibt einen juristischen Streit um das Merkmal des »Betriebs eines Kraftfahrzeugs«. Man kann jedenfalls davon ausgehen, dass ein Kraftfahrzeug so lange im Betrieb ist, wie es als Verkehrsmittel im Straßenverkehr dient, wozu auch das Parken auf der Fahrbahn zählt. Daher nimmt man, auch wenn man am Fahrbahnrand steht, noch aktiv am Straßenverkehr teil. Danach läge bei der Benutzung des Handys auch im parkenden Zustand ein Verstoß gegen § 23 Abs. 1a StVO vor. Dieser bestimmt: »Wer ein Fahrzeug führt, darf ein elektronisches Gerät, das der Kommunikation, Information oder Organisation dient oder zu dienen bestimmt ist, nur benutzen, wenn erstens hierfür das Gerät weder aufgenommen noch gehalten wird, und zweitens entweder nur eine Sprachsteuerung und Vorlesefunktion genutzt wird, oder zur Bedienung und Nutzung des Gerätes eine kurze, den Straßen-, Verkehrs-, Sicht- und Wetterverhältnissen angepasste Blickzuwendung zum Gerät bei gleichzeitig entsprechender Blickabwendung vom Verkehrsgeschehen erfolgt oder erforderlich ist.« Demnach sollte man sein Handy also mit der Freisprechanlage des Autos verbinden oder ein Headset benutzen, sofern man dabei den Blick nicht auf das Handy werfen muss.

IST BEI AUFFAHRUNFÄLLEN EIGENTLICH IMMER DER HINTERMANN SCHULDIG?

Eine pauschale Antwort ist hier nicht möglich. Bei Verkehrsunfällen kommt es immer auf den Einzelfall an und ganz besonders auf das Verkehrsgeschehen. Im Beweisverfahren vor dem Gericht gilt zwar der sogenannte Anscheinsbeweis. Dabei geht man zunächst davon aus, dass der Auffahrende den nötigen Sicherheitsabstand nicht eingehalten oder zu spät reagiert hat. Dieser Anscheinsbeweis ist aber selbstverständlich widerlegbar. So kann auch derjenige Unfallverursacher sein, der zum Beispiel viel zu spät bremst und dabei defekte Bremsleuchten hat. Es ist also nicht immer der Auffahrende schuld.

Im Rahmen von Verkehrsunfällen sind viele Faktoren zu beachten, und diese können nicht so »einfach« gelöst werden, indem man dem Auffahrenden die Schuld gibt. Das restliche Verkehrsgeschehen vor und hinter den beiden Unfallfahrzeugen sowie weitere Verkehrsteilnehmer, wie beispielsweise Fußgänger, die über die Straße laufen, spielen dabei eine erhebliche Rolle.

DARF ICH MIT MEINEN SCHLAPPEN ODER MIT FLIP-FLOPS AUTO FAHREN?

Dass man nur mit festem Schuhwerk Auto fahren darf, ist ein weit verbreiteter Mythos. In der Straßenverkehrsordnung findet sich keine gesetzliche Regelung zum Schuhwerk der Verkehrsteilnehmer. Allerdings stellt das Fahren mit Flip-Flops ein erhöhtes Verkehrsrisiko dar, und man könnte darin auch eine Sorgfaltspflichtverletzung sehen. Diese zu beachtende Sorgfaltspflicht findet sich in § 1 Abs. 2 StVO: »Wer am Verkehr teilnimmt, hat sich so zu verhalten, dass kein Anderer geschädigt, gefährdet oder mehr, als nach den Umständen unvermeidbar, behindert oder belästigt wird.« Ein mögliches Bußgeld für das Fahren in Schlappen oder Flip-Flops darf aber nur verhängt werden, wenn es durch das Tragen des »falschen« Schuhwerks zu einem Unfall kam. Es müssten daher alle anderen Ursachen der Verkehrsbehinderung ausgeschlossen werden können, um eine ausschließliche Ursache darin zu sehen, dass gerade das Tragen der Schlappen oder der Flip-Flops für den Unfall ursächlich gewesen ist.

MUSS ICH MEINEN FÜHRERSCHEIN UND FAHRZEUGSCHEIN IMMER IM ORIGINAL DABEIHABEN ODER REICHT AUCH EINE KOPIE AUS?

Wenn die Polizei unterwegs wegen eines Unfalls oder einer Routine-kontrolle Führerschein und Fahrzeugpapiere verlangt, können einige Autofahrer nur Kopien vorweisen. Den Führerschein, so will es in Deutschland das Gesetz, ist beim Fahren eines Kraftfahrzeugs aber im Original mitzuführen. Das ergibt sich aus § 4 Abs. 2 Satz 2 Fahrerlaub-nis-Verordnung (FeV). Dieser bestimmt: »Die Fahrerlaubnis ist durch eine gültige amtliche Bescheinigung (Führerschein) nachzuweisen. Beim Führen eines Kraftfahrzeuges ist ein dafür gültiger Führerschein mitzuführen und zuständigen Personen auf Verlangen zur Prüfung aus-zuhändigen.« Die bloße Kopie reicht daher nicht aus, und die Originale sollte der Fahrer immer dabeihaben, um seiner Pflicht nachzukommen.

AB WANN MUSS ICH EIGENTLICH MIT WINTERREIFEN FAHREN?

Gibt es eigentlich wirklich die besagte »Von O bis O«-Regel bezüg-lich der Winterreifen in Deutschland? Danach müssen alle Fahrzeuge von Oktober bis Ostern mit Winterreifen ausgestattet sein. Oder ist das ein weiterer Mythos des Straßenverkehrs? In Deutschland gibt es keine generelle Winterreifenpflicht. Vielmehr gilt hier die »situative« Winterreifenpflicht gemäß § 2 Abs. 3a StVO, der bestimmt, dass man bei winterlichen Straßenverhältnissen, also bei Glatteis, Schneeglätte, Schneematsch, Eis- oder Reifglätte, nur mit Winterreifen fahren darf. Es kommt daher, wie so oft bei juristischen Fragen, drauf an!

MUSS ICH BEI SCHLECHTEN SICHTVERHÄLTNISSEN DAS ABBLENDLICHT EINSCHALTEN?

Das Abblendlicht ist nicht nur nachts, sondern auch in bestimmten Situationen tagsüber einzuschalten. So ist auch am Tag mit Abblendlicht zu fahren, wenn Nebel, Schneefall oder Regen die Sicht erheblich behindern. Sind die Witterungsverhältnisse hingegen gut, und es besteht auch ohne eingeschaltetes Abblendlicht ausreichende Sicht, so muss dies ausgeschaltet bleiben. Sollte man dennoch bei ausreichend guten Witterungsverhältnissen mit eingeschaltetem Abblendlicht am Straßenverkehr teilnehmen, droht ein Bußgeld von 20 Euro. Sollte es infolge des grellen Abblendlichts zu einer Gefährdung des Straßenverkehrs oder gar zu einem Unfall kommen, erhöht sich das Bußgeld dementsprechend.

DARF ICH IM NOTFALL AUCH OHNE FAHRERLAUBNIS AUTO FAHREN?

Grundsätzlich darf man nicht ohne gültige Fahrerlaubnis am Straßenverkehr teilnehmen. Sollte man sich nicht mehr imstande dazu fühlen, die Fahrt mit dem Auto fortzusetzen, sollte man eher einen Parkplatz aufsuchen und eine Pause einlegen. In einem solchen Fall dürfte auch nicht ein Beifahrer, der nicht im Besitz einer gültigen Fahrerlaubnis ist, einspringen und die Weiterfahrt antreten. Doch von dem Grundsatz gibt es, wie so oft, auch einige Ausnahmen. So ist die Fahrt ohne gültige Fahrerlaubnis nur dann erlaubt, wenn ein sogenannter übergesetzlicher Notstand vorliegt und eine Gefahr für Leib und Leben besteht. So kann man zum Beispiel im Falle einer lebensbedrohlichen Verletzung einer Person die Fahrt auch ohne gültige Fahrerlaubnis vornehmen, wenn ein zeitiges Eintreffen von Notärzten nicht gesichert ist. In einem solchen Fall könnte der Richter von einer Verurteilung wegen Fahren ohne Fahrerlaubnis gemäß § 21 Abs. 1 StVG absehen.

WAS MUSS ICH BEACHTEN, WENN MEIN EINKAUFSWAGEN AUF DEM PARKPLATZ IN EIN ANDERES AUTO ROLLT?

Wer hat diesen Moment nicht schon einmal erlebt: Beim Entladen der Einkäufe auf dem Supermarktparkplatz rollt der Einkaufswagen langsam vom eigenen Auto weg. Schnell reagiert, lässt sich der Schaden vermeiden. Doch was ist, wenn man mal nicht so schnell reagiert hat und der Einkaufswagen ein fremdes Fahrzeug touchiert und beschädigt hat? Wer nun den Parkplatz einfach verlässt, begeht eine Unfallflucht, wie das OLG Düsseldorf in seinem Urteil vom 07.11.2011 (Az. III-1 TVs 62/11) festgestellt hat. Das Parken des Pkw, aber auch das Betreten der Verkehrsfläche als Fußgänger, um Einkäufe zu verladen, gelten als gewöhnliche Verkehrsvorgänge. Die Situation auf öffentlich zugänglichen Parkplätzen stellen typische Situationen des Straßenverkehrs dar. Auch Fußgänger können sich demnach strafbar machen, wenn ihr Einkaufswagen ein Fahrzeug beschädigt. Kommt es also zu einer Beschädigung des Pkw durch einen Einkaufswagen, sollte die Polizei gerufen werden, um den Unfall aufnehmen zu lassen. Sollte dies unterbleiben, muss mit einem Ermittlungsverfahren hinsichtlich einer Unfallflucht gerechnet werden.

WELCHE STRAFEN DROHEN MIR BEI EINEM VERKEHRSVERSTOSS?

Der Bußgeldkatalog sieht je nach Schwere eines Verstoßes unterschiedliche Sanktionen vor. Dabei wird differenziert zwischen Verwarn- beziehungsweise Bußgeld, Punkten in Flensburg und Fahrverbot. Die Höhe des Bußgeldes ist dabei gemäß § 17 OWiG auf einen Betrag zwischen 5 Euro und 1000 Euro beschränkt.

Dabei ist immer zwischen einem Bußgeld und einer Geldstrafe zu differenzieren. Das Bußgeld bei einer Ordnungswidrigkeit wird im Rahmen des verwaltungsrechtlichen Verfahrens festgesetzt. Die Geldstrafe hingegen folgt aus der Begehung einer Straftat. Bei Verstößen im Straßenverkehr ist im bundeseinheitlichen Tatbestandskatalog die einzelne Höhe der Bußgelder festgelegt. Bei einer Geldstrafe wird die Höhe einzelfallabhängig im Rahmen des gerichtlichen Verfahrens durch den Richter bestimmt. Im Straßenverkehr sind aber auch Straftaten wie die Trunkenheitsfahrt, die fahrlässige Körperverletzung oder auch die Nötigung denkbar. Ordnungswidrigkeiten sind zum Beispiel die Geschwindigkeitsüberschreitung oder ein Rotlichtverstoß.

KANN ICH DAS BUSSGELD DIREKT VOR ORT BAR AN DIE BEAMTEN ZAHLEN?

In manchen Fällen wird man als Verkehrsteilnehmer direkt bei oder nach der Begehung des Verstoßes von den Polizei- oder Kontrollbeamten angehalten, so zum Besipiel im Rahmen einer Laserhandmessung für Geschwindigkeitsverstöße. Dabei können die Beamten ein sogenanntes Verwarnungsgeld verhängen. Wenn man also als Verkehrsteilnehmer den Tatvorwurf anerkennt und die Geldbuße direkt vor Ort zahlen möchte, so ist dies in der Regel möglich. Oftmals erfolgt dies aber nicht mehr per Barzahlung, sondern per Kartenzahlung. Dabei kommt es natürlich auf die Höhe der Geldbuße an, die der Tatbestandskatalog für den jeweiligen Verstoß vorsieht.

WIE FUNKTIONIERT EIGENTLICH DAS PUNKTESYSTEM IN FLENSBURG?

Bei schwerwiegenden Verkehrsverstößen kann die jeweilige Behörde, neben der Verhängung von Bußgeldern, auch Punkte in Flensburg anordnen, die sodann im Fahreignungsregister dokumentiert werden. Bei einer gewissen Anzahl von gesammelten Punkten kann sogar die Fahrerlaubnis entzogen werden. Das Bußgeld für Verstöße außerorts variiert dabei zwischen 20 Euro und 700 Euro. Zudem können ein bis zwei Punkte vergeben werden sowie ein Fahrverbot von einem bis drei Monaten. Bei Verstößen innerorts droht ein Bußgeld zwischen 30 Euro und 800 Euro, ein bis zwei Punkte und ein Fahrverbot von einem bis drei Monaten. Bei den Geschwindigkeitsverstößen werden zudem von der gemessenen Geschwindigkeit drei Prozent als Toleranz in Abzug gebracht. Ein Fahrverbot wird in der Regel nur verhängt, wenn innerhalb von 12 Monaten zweimal Geschwindigkeitsverstöße von 26 km/h oder mehr begangen werden. Das Ausmaß der Bestrafung richtet sich dabei nach der Geschwindigkeitsüberschreitung innerorts oder außerorts, ob der jeweilige Verkehrsteilnehmer noch in der Probezeit ist, ob zusätzliche Strafen bei spezifischen Verkehrssituationen begangen wurden, ob durch die Geschwindigkeitsüberschreitung andere Verkehrsteilnehmer gefährdet wurden und ob es sich gegebenenfalls um einen Wiederholungstäter handelt.

WAS SIND BEISPIELE FÜR VERKEHRSVERSTÖSSE, FÜR DIE ICH EINEN PUNKT BEKOMME?

Verbotswidrige Nutzung des Seitenstreifens (1 Punkt), entgegen der Fahrtrichtung auf der Autobahn aus- oder auffahren (1 Punkt), auf Seitenstreifen auf der Autobahn in die falsche Richtung fahren (1 Punkt), auf der Fahrbahn der Autobahn in die falsche Richtung fahren (2 Punkte), Missachtung des Rechtsfahrgebots mit Gefährdung oder Unfallfolge (1 Punkt), Verstoß gegen die situative Winterreifenpflicht (1 Punkt), Geschwindigkeit nicht an besondere Straßen- oder Verkehrsverhältnisse angepasst (1 Punkt), Geschwindigkeit nicht an schlechte Witterungsbedingungen/Sichtverhältnisse angepasst (1 Punkt), bei Sichtweite unter 50 Metern innerorts 1–25 km/h zu schnell gefahren (1 Punkt), bei Sichtweite unter 50 Metern innerorts 31 km/h und mehr zu schnell gefahren (2 Punkte), bei Sichtweite unter 50 Metern außerorts 1–40 km/h zu schnell gefahren (1 Punkt), bei Sichtweite unter 50 Metern außerorts 41 km/h und mehr zu schnell gefahren (2 Punkte).

WANN DROHT MIR EIN ENTZUG DER FAHRERLAUBNIS?

Bei besonders schwerwiegenden Ordnungswidrigkeiten kann neben der Verhängung eines Bußgeldes und Punkten auch ein Fahrverbot verhängt werden. Dabei kann ein Fahrverbot von ein bis drei Monaten drohen je nach Schwere der Tat. Grundsätzlich wird ein Fahrverbot zudem immer dann verhängt, wenn eine Ordnungswidrigkeit begangen wurde, für die laut Bußgeldkatalog mindestens zwei Punkte in Flensburg vorgesehen sind. Auch bei Straftaten kann das Gericht den Führerscheinentzug anordnen. Sollte das Gericht zum Beispiel infolge einer Trunkenheitsfahrt die Entziehung der Fahrerlaubnis anordnen, werden zusätzlich drei Punkte in Flensburg eingetragen. Die Entscheidung liegt bei dem jeweiligen Richter. Gesetzlich geregelt ist dies in § 69 StGB. »Wird jemand wegen einer rechtswidrigen Tat, die er bei oder im Zusammenhang mit dem Führen eines Kraftfahrzeuges oder unter Verletzung der Pflichten eines Kraftfahrzeugführers begangen hat, verurteilt oder nur deshalb nicht verurteilt, weil seine Schuldunfähigkeit erwiesen oder nicht auszuschließen ist, so entzieht ihm das Gericht die Fahrerlaubnis, wenn sich aus der Tat ergibt, dass er zum Führen von Kraftfahrzeugen ungeeignet ist.«

GELTEN DIE GLEICHEN BUSSGELDER UND FAHRVERBOTE AUCH FÜR FAHRRADFAHRER?

Als Fahrradfahrer nimmt man auch am Straßenverkehr teil, und somit muss man sich an die Straßenverkehrsordnung (StVO) halten. Daher gibt es auch für Fahrradfahrer einen Bußgeldkatalog, in dem unter anderem folgende Verstöße aufgeführt sind: falsches Abbiegen mit dem Fahrrad, besonders geregelte Straßenbenutzung für Radfahrer, Beleuchtung am Fahrrad, Personenbeförderung mit dem Rad, Verstöße an einer roten Ampel, Handybenutzung auf dem Fahrrad, sonstige Pflichten (Klingel, Bremsen und so weiter), Anweisungen durch die Polizei, Vorschriftzeichen für Radfahrer. Dabei kann das Bußgeld zwischen 5 Euro und 180 Euro liegen. Die Höhe des Bußgeldes bemisst sich dabei danach, ob andere Verkehrsteilnehmer behindert und gefährdet wurden oder sogar ein Unfall durch den Verstoß passiert ist. Ein Bußgeldverfahren wird dabei ab einem Betrag von 60 Euro eingeleitet. Sollte es zu einem Bußgeldverfahren kommen, kann die Behörde neben dem Bußgeld auch Punkte in Flensburg oder sogar die Entziehung der Fahrerlaubnis anordnen.

DARF ICH MIR ALS FAHRRADFAHRER DIE FAHRBAHNSEITE AUSSUCHEN, AUF DER ICH FAHRE?

Mit Fahrrädern darf nebeneinander gefahren werden, wenn dadurch der Verkehr nicht behindert wird; andernfalls muss einzeln hintereinandergefahren werden. Eine Pflicht, Radwege in der jeweiligen Fahrtrichtung zu benutzen, besteht nur, wenn dies durch Zeichen 237, 240 oder 241 angeordnet ist. Rechte Radwege ohne die Zeichen 237, 240 oder 241 dürfen benutzt werden. Linke Radwege ohne die Zeichen 237, 240 oder 241 dürfen nur benutzt werden, wenn dies durch das Zusatzzeichen »Radverkehr frei« angezeigt ist. Wer mit dem Rad fährt, darf ferner rechte Seitenstreifen benutzen, wenn keine Radwege vorhanden sind und Fußgänger nicht behindert werden. Außerhalb geschlossener Ortschaften darf man mit Mofas und E-Bikes Radwege benutzen. Sollte man die Vorschriften nicht beachten und als »Geisterfahrer« unterwegs sein, droht ein Bußgeld zwischen 20 Euro und 35 Euro.

Praxistipp: § 39 StVO regelt die Verkehrszeichen. Dort kann man sich die einzelnen Verkehrszeichen anschauen, damit man sie im Straßenverkehr sofort erkennt und die Bedeutung und Reichweite des jeweiligen Zeichens erfasst.

WAS PASSIERT, WENN MEIN LICHT AM FAHRRAD KAPUTT IST?

Die korrekte Fahrradbeleuchtung soll nicht nur den Fahrradfahrer, sondern auch andere Verkehrsteilnehmer ausreichend schützen. So kann es durch nicht ausreichende Beleuchtung vermehrt zu Unfällen kommen. Fahrradlichter sollten also regelmäßig gewartet und kontrolliert werden, damit man sich selbst und alle anderen Verkehrsteilnehmer schützt. In § 67 StVZO sind die »lichttechnischen Einrichtungen an Fahrrädern« spezifiziert: Fahrräder sollen eine »Lichtmaschine« in Betrieb haben. Darunter ist ein Dynamo zu verstehen; auch eine Batterie, ein Akku oder eine Kombination aus diesen und einem Dynamo sind zulässig; die Fahrradlichter müssen gut sichtbar sein; das Fahrrad muss einen nach vorne gerichteten Scheinwerfer für weißes Licht haben sowie eine Schlussleuchte für rotes Licht; die Fahrradpedale müssen mit gelben Rückstrahlern versehen sein; an den Reifen benötigt man angebrachte Speichenreflektoren und so weiter. Die Beleuchtung muss während der Dämmerung, bei Dunkelheit oder wenn die Sichtverhältnisse dies erfordern, eingeschaltet werden. Sollte man also keine ausreichende Beleuchtung an seinem Fahrrad nachweisen können, droht ein Bußgeld zwischen 20 Euro und 35 Euro.

MUSS ICH AUCH FÜR MEIN FAHRRAD WINTERREIFEN BENUTZEN?

Bei Fahrradreifen sollte immer auf ein ausreichendes Profil geachtet werden, um Unfälle zu vermeiden. Richtige Reifen sorgen für ausreichende Bodenhaftung. Inzwischen gibt es sogar für Fahrräder spezielle Winterreifen. Dabei gibt es Aufsätze mit Spikes für das Fahrrad, besonders breite Reifen für das Mountainbike und sogar spezielle Winterreifen für das Rennrad. Eine Pflicht für eine solche besondere Bereifung gibt es aber nicht. Vielmehr sollten Fahrradfahrer die Geschwindigkeit und das Fahrverhalten bei schlechter Sicht und glatter Fahrbahn anpassen. Es ist also besonders wichtig, vorausschauend zu fahren und die anderen Verkehrsteilnehmer immer im Blick zu haben. Auch wenn das Benutzen von Kopfhörern auf dem Fahrrad grundsätzlich nicht verboten ist, sollte man im Winter darauf verzichten und die volle Konzentration auf den Straßenverkehr richten.

MUSS ICH ALS FUSSGÄNGER AUCH MIT BUSSGELDERN RECHNEN?

Es gibt auch einen Bußgeldkatalog für Fußgänger. Dabei variieren die Bußgelder zwischen 5 Euro und 10 Euro. Grundsätzlich gilt die Straßenverkehrsordnung auch für Fußgänger, da diese auch am Straßenverkehr teilnehmen. In § 25 StVO finden sich spezielle Regelungen. Der Bußgeldkatalog sieht jedoch kein Fahrverbot oder keine Punkte für Fußgänger vor. Fußgänger dürfen die Fahrbahn nicht als Fußweg benutzen, wenn es einen Gehweg oder einen Seitenstreifen gibt. Zusätzlich regelt die Straßenverkehrsordnung, dass Fußgänger die Fahrbahn schnellstmöglich und quer zur Fahrbahn zu überschreiten haben. Natürlich muss man auch an Ampeln das jeweilige Ampelzeichen beachten. Bei Missachtung einer roten Ampel droht ein Bußgeld in Höhe von 5 Euro bis 10 Euro. Zudem darf man als Fußgänger keine Absperrungen überklettern oder Gleisanlagen betreten. Überqueren eines Bahnübergangs trotz geschlossener Schranken beziehungsweise Halbschranken wird als A-Verstoß bezeichnet. Dabei droht ein Bußgeld in Höhe von 350 Euro und 1 Punkt in Flensburg. Zudem kann bei Fahranfängern in der Probezeit bei einem solchen Verstoß eine Teilnahme an einem Aufbauseminar verhängt werden sowie die Verlängerung der Probezeit um zwei Jahre.

WELCHE BUSSGELDER DROHEN MIR BEI EINER VERKEHRSKONTROLLE?

Im Rahmen einer Verkehrskontrolle können die Polizeibeamten überprüfen, ob der Fahrzeughalter Führerschein, Fahrzeugschein, Warndreieck, Warnweste und Verbandskasten mit sich führt. Mittlerweile müssen sogar im Rahmen der Corona-Schutzverordnung im Verbandskasten zwei Mund- und Nasenschutzmasken mit sich geführt werden.

Polizisten sind zudem dazu berechtigt, die Licht- und Bremsanlage, die HU-Plakette, die Profiltiefe der Reifen und die zulässige Beladung zu kontrollieren. Wollen die Polizisten zudem den Kofferraum oder das Handschuhfach durchsuchen, benötigen sie einen Durchsuchungsbeschluss, oder es müsste Gefahr in Verzug vorliegen. Bei Verstößen gegen die oben genannten Maßnahmen, droht ein Bußgeld zwischen 10 Euro und 70 Euro. Zudem kann bei der Nichtbefolgung des Haltegebots der Polizei oder bei der Nichtbefolgung des Zeichens eines Polizeibeamten 1 Punkt in Flensburg verhängt werden.

REICHT ES AUS, WENN ICH BEI MEINER VEREISTEN WINDSCHUTZSCHEIBE EIN LOCH FREIKRATZE, SODASS ICH DIE STRASSE VOR MIR GUT SEHEN KANN?

Wer einfach nur ein »Guckloch« in der Frontscheibe freikratzt, begeht eine Ordnungswidrigkeit und gefährdet damit die Verkehrssicherheit. Die Scheiben des Fahrzeugs müssen so freigekratzt sein, dass man problemlos durch alle Fenster und in alle Spiegel schauen kann. Zudem muss das Kennzeichen ausreichend freigekratzt und stets sichtbar sein. Eine größere Ansammlung von Schnee auf dem Fahrzeugdach muss entfernt werden, da es sonst beim Herabfallen des Schnees zu einer Gefährdung anderer Verkehrsteilnehmer kommen kann. Folgende Bußgelder sind fällig, wenn das Fahrzeug vor dem Fahrtantritt im Winter nicht fahrtauglich ist: Mit zugeschneitem Kennzeichen fahren: 5 Euro; nur ein »Guckloch« in der Frontscheibe freikratzen: 10 Euro; Autodach nicht ausreichend von Schnee befreit: 25 Euro.

DARF ICH BEI KÄLTE VOR ANTRITT DER FAHRT DEN MOTOR SCHON MAL ANMACHEN, DAMIT DIE HEIZUNG SCHNELLER WARM WIRD?

Gemäß § 30 Abs. 1 StVO sind bei der Benutzung von Fahrzeugen unnötiger Lärm und vermeidbare Abgasbelästigungen verboten. Es ist insbesondere verboten, Fahrzeugmotoren unnötig laufen zu lassen und Fahrzeugtüren übermäßig laut zu schließen. Rein technisch betrachtet dient der Motor eines Fahrzeugs nur zur Fortbewegung des Fahrzeugs und nicht, um das Fahrzeug schneller aufzuwärmen oder die Scheiben des Fahrzeugs schneller zu enteisen. Folglich ist es schlicht verboten, den Motor warmlaufen zu lassen. Bei Verstoß droht ein Bußgeld in Höhe von bis zu 80 Euro.

WER HAT EIGENTLICH VORFAHRT IN EINEM KREISVERKEHR?

In § 8 StVO sind die Vorfahrtsregelungen normiert. Nach § 8 Abs. 1a StVO hat der Verkehr auf der Kreisfahrbahn Vorfahrt, wenn an der Einmündung in einen Kreisverkehr das Zeichen 215 (Kreisverkehr) unter dem Zeichen 205 (Vorfahrt gewähren) angeordnet ist. Bei der Einfahrt in einen solchen Kreisverkehr ist die Benutzung des Fahrtrichtungsanzeigers unzulässig. Den Blinker darf man folglich nur beim Ausfahren eines Kreisverkehrs, nicht beim Einfahren verwenden. Zudem muss gemäß § 8 Abs. 2 StVO derjenige, der die Vorfahrt zu beachten hat, rechtzeitig durch sein Fahrverhalten, insbesondere durch mäßige Geschwindigkeit, erkennen lassen, dass gewartet wird. Es darf nur weitergefahren werden, wenn übersehen werden kann, dass, wer die Vorfahrt hat, weder gefährdet noch wesentlich behindert wird. Kann das nicht übersehen werden, weil die Straßenstelle unübersichtlich ist, so darf man sich vorsichtig in die Kreuzung oder Einmündung hineintasten, bis die Übersicht gegeben ist. Wer die Vorfahrt hat, darf auch beim Abbiegen in die andere Straße nicht wesentlich durch den Wartepflichtigen behindert werden.

MUSS ICH IMMER MIT ANGESCHALTETEM LICHT AUTO FAHREN ODER NUR, WENN ES DUNKEL WIRD?

Die zu beachtende Beleuchtung des Fahrzeugs im Straßenverkehr regelt § 17 StVO. Während der Dämmerung, bei Dunkelheit oder wenn die Sichtverhältnisse es sonst erfordern, sind die vorgeschriebenen Beleuchtungseinrichtungen zu benutzen. Die Beleuchtungseinrichtungen dürfen nicht verdeckt oder verschmutzt sein gemäß § 17 Abs. 1 StVO. Mit Begrenzungsleuchten (Standlicht) allein darf nicht gefahren werden. Auf Straßen mit durchgehender, ausreichender Beleuchtung darf auch nicht mit Fernlicht gefahren werden. Es ist rechtzeitig abzublenden, wenn ein Fahrzeug entgegenkommt oder mit geringem Abstand vorausfährt oder wenn es sonst die Sicherheit des Verkehrs auf oder neben der Straße erfordert. Wenn nötig ist entsprechend langsamer zu fahren gemäß § 17 Abs. 2 StVO. Haltende Fahrzeuge sind außerhalb geschlossener Ortschaften mit eigener Lichtquelle zu beleuchten. Innerhalb geschlossener Ortschaften genügt es, nur die der Fahrbahn zugewandte Fahrzeugseite durch Parkleuchten oder auf andere zugelassene Weise kenntlich zu machen gemäß § 17 Abs. 4 StVO.

GIBT ES NOCH WEITERREICHENDE PFLICHTEN IM STRASSENVERKEHR?

Wer ein Fahrzeug führt, ist dafür verantwortlich, dass seine Sicht und das Gehör nicht durch die Besetzung, Tiere, die Ladung, Geräte oder den Zustand des Fahrzeugs beeinträchtigt werden. Wer ein Fahrzeug führt, hat zudem dafür zu sorgen, dass das Fahrzeug, der Zug, das Gespann sowie die Ladung und die Besetzung vorschriftsmäßig sind und dass die Verkehrssicherheit des Fahrzeugs durch die Ladung oder die Besetzung nicht leidet. Ferner ist dafür zu sorgen, dass die vorgeschriebenen Kennzeichen stets gut lesbar sind. Vorgeschriebene Beleuchtungseinrichtungen müssen an Kraftfahrzeugen und ihren Anhängern auch am Tag vorhanden und betriebsbereit sein gemäß § 23 Abs. 1 StVO. Wer ein Fahrzeug führt, muss das Fahrzeug, den Zug oder das Gespann auf dem kürzesten Weg aus dem Verkehr ziehen, falls unterwegs auftretende Mängel, die die Verkehrssicherheit wesentlich beeinträchtigen, nicht alsbald beseitigt werden; dagegen dürfen Krafträder und Fahrräder dann geschoben werden gemäß § 23 Abs. 2 StVO.

WAS MUSS ICH IM FALL EINES UNFALLS UNTERNEHMEN?

Nach einem Verkehrsunfall hat gemäß § 34 StVO, wer daran beteiligt ist: unverzüglich zu halten, den Verkehr zu sichern und bei geringfügigem Schaden unverzüglich beiseite zu fahren, sich über die Unfallfolgen zu vergewissern, Verletzten zu helfen (§ 323c des Strafgesetzbuchs), anderen am Unfallort anwesenden Beteiligten und Geschädigten mitzuteilen, dass man am Unfall beteiligt war, und auf Verlangen den eigenen Namen und die eigene Anschrift anzugeben sowie den eigenen Führerschein und den Fahrzeugschein vorzuweisen und nach bestem Wissen Angaben über die Haftpflichtversicherung zu machen, so lange am Unfallort zu bleiben, bis zugunsten der anderen Beteiligten und Geschädigten die Feststellung der Person, des Fahrzeugs und der Art der Beteiligung durch eigene Anwesenheit ermöglicht wurde oder eine je nach den Umständen angemessene Zeit zu warten und am Unfallort den eigenen Namen und die eigene Anschrift zu hinterlassen, wenn niemand bereit war, die Feststellung zu treffen, unverzüglich die Feststellungen nachträglich zu ermöglichen, wenn man sich berechtigt, entschuldigt oder nach Ablauf der zumutbaren Zeit vom Unfallort entfernt hat. Dazu ist mindestens den Berechtigten oder einer nahe gelegenen Polizeidienststelle mitzuteilen, dass man am Unfall beteiligt gewesen ist, und die eigene Anschrift, den Aufenthalt sowie das Kennzeichen und den Standort des beteiligten Fahrzeugs anzugeben und dieses zu unverzüglichen Feststellungen für eine zumutbare Zeit zur Verfügung zu halten. Beteiligt an einem Verkehrsunfall ist jede Person, deren Verhalten nach den Umständen zum Unfall beigetragen haben kann. Unfallspuren dürfen nicht beseitigt werden, bevor die notwendigen Feststellungen getroffen worden sind.

WAS GILT EIGENTLICH, WENN MAN DIE STRASSENSCHILDER ZUM BEISPIEL WEGEN SCHNEE NICHT ERKENNEN KANN?

Grundsätzlich gilt für Verkehrszeichen der sogenannte Sichtbarkeitsgrundsatz. Verkehrszeichen wie Tempolimits oder Überholverbote sind nur dann gültig, wenn der Autofahrer sie auch auf den ersten Blick wahrnehmen kann. Ein Freibrief für winterliche Raser und Falschparker ergibt sich daraus allerdings nicht. Denn wer sich darauf beruft, ein Schild nicht gesehen und gekannt zu haben, muss dies im Einzelfall immer genau nachweisen. Autofahrer, die ein zugeschneites Tempolimit in einer fremden Stadt übersehen haben, mögen vergleichsweise gute Chancen haben, wenn sie sich darauf berufen. Anders sieht es aus, wenn der Fahrer das Schild auf dem täglichen Weg zur Arbeit schon häufig passiert hat: Hier dürfte sich das Gericht nur schwer davon überzeugen lassen, dass das Tempolimit unbekannt war.

MUSS ICH ALS AUTOFAHRER AN EINEM ZEBRASTREIFEN NUR FÜR FUSSGÄNGER BREMSEN ODER AUCH FÜR FAHRRADFAHRER?

Schiebt ein Radfahrer sein Gefährt, gilt er als Fußgänger und darf den Zebrastreifen mit allen Vorrechten nutzen. Auch wenn der Radfahrer sein Rad rollend, also wie der Fahrer eines Tretrollers sich mit einem Fuß vom Boden abstößt, über den Zebrastreifen bewegt, ist er rechtlich betrachtet ein Fußgänger. Er genießt alle Vorteile des Fußgängerüberwegs. Ein Verwarngeld in Höhe von 10 Euro droht, wenn herannahende Fahrzeugführer wegen eines kreuzenden Radfahrers ihre Fahrt verlangsamen oder unterbrechen müssen. Denn dadurch begehen Radfahrer eine vermeidbare Behinderung. Gleiches gilt für Radfahrer, die, ohne anzuhalten und mit erhöhter Geschwindigkeit, den Zebrastreifen bei gleichzeitiger Nutzung durch Fußgänger, Kranken- oder Rollstuhlfahrer befahren.

WANN IST EINE GESCHWINDIGKEITSÜBERSCHREITUNG IM STRASSENVERKEHR GERECHTFERTIGT?

Grundsätzlich stellt die Überschreitung der zulässigen Höchstgeschwindigkeit im Straßenverkehr eine Ordnungswidrigkeit dar. Beim Vorliegen bestimmter Voraussetzungen kann die Überschreitung aber gerechtfertigt sein, im Rahmen des sogenannten rechtfertigenden Notstands. Gesetzlich verankert ist dies in § 16 OWiG. Dieser besagt, dass eine Geschwindigkeitsüberschreitung dann gerechtfertigt ist, wenn der Autofahrer damit eine nicht anders abwendbare Gefahr für ein Rechtsgut von sich oder einem anderen abwenden will. Weiterhin bedarf es noch einer Abwägung der entgegenstehenden Interessen – also des Interesses an der Abwendung der Gefahr sowie des Interesses an der Sicherheit des Straßenverkehrs. Als Gefahr für ein Rechtsgut kann zum Beispiel die Gesundheit einer hochschwangeren Frau gelten. Bei der vorzunehmenden Interessenabwägung ist die zum Tatzeitpunkt vorhandene Verkehrslage und Verkehrsdichte zu untersuchen. Wenn die Sicherheit des Straßenverkehrs zu keinem Zeitpunkt gefährdet war, überwiegt in der Regel das Interesse des Autofahrers. Zudem dürfen keine gleich wirksamen, aber milderen Alternativen vorgelegen haben. Dies wäre zum Beispiel das Herbeirufen eines Notarztes, der in der gleichen Zeit vor Ort gewesen wäre und diejenige Person, die die Überschreitung der Höchstgeschwindigkeit vorgenommen hat, daher keinerlei Zeit gewonnen hat.

DARF ICH NACH EINEM UNFALL, DEN KEINER BEMERKT HAT, EINFACH SCHNELL WEITERFAHREN?

§ 142 StGB (Strafgesetzbuch) regelt das unerlaubte Entfernen vom Unfallort. Dabei muss zunächst ein Unfall im Straßenverkehr vorliegen. Dies ist jedes für mindestens einen der Beteiligten ungewollte plötzliche Ereignis, das im Zusammenhang mit dem öffentlichen Straßenverkehr und seinen typischen Gefahren steht und zu einem nicht ganz belanglosen Körper- oder Sachschaden führt. Der Unfallort ist die Stelle, an der sich der Unfall ereignet hat, sowie der unmittelbare Umkreis, innerhalb dessen die Fahrer zum Stillstand gekommen sind beziehungsweise hätten kommen können. Den Unfallbeteiligten trifft die aktive Mitwirkungspflicht anzugeben, am Unfall beteiligt gewesen zu sein; vor allem hinsichtlich der Feststellung seiner Personalien. Außerdem gibt es eine sogenannte Wartepflicht. Die Dauer der Wartezeit am Unfallort bestimmt sich nach den Umständen des Einzelfalls. Kriterien können zum Beispiel sein: Art und Schwere des Unfalls, die örtlichen Gegebenheiten, die Witterung oder auch die Tageszeit.

WELCHE GEGENSTÄNDE MUSS ICH IN MEINEM VERBANDSKASTEN IM AUTO MITFÜHREN?

Neben dem üblichen Inhalt eines Verbandskastens müssen mittlerweile zwei Mund-Nasen-Bedeckungen im Verbandskasten enthalten sein. Das richtet sich nach der DIN 13164 und dem § 35h StVZO. Danach müssen seit dem 1. Februar 2022 zwei Mund-Nasen-Bedeckungen vorhanden sein. Bis zum 31. Januar 2023 galt diese Übergangsfrist noch, sodass die Masken zumindest ab dem 31. Januar 2023 zum Pflichtenprogramm gehören und in jedem Verbandskasten vorhanden sein sollten. Zudem sollte bei Verbandskästen auf das Mindesthaltbarkeitsdatum geachtet werden. Sobald dieses überschritten ist, muss entweder der gesamte Verbandskasten oder die einzelnen Artikel ausgetauscht werden. Sollten bei einer Verkehrskontrolle Mängel des Verbandskastens festgestellt werden, droht ein Verwarngeld von bis zu 10 Euro.

WELCHE VORFAHRTSREGELN GELTEN EIGENTLICH AUF PARKPLÄTZEN?

Oftmals finden sich an Parkplätzen Schilder, auf denen zum Beispiel steht: »Auf diesem Parkplatz gilt die Straßenverkehrsordnung.« Doch welche Regelungen greifen eigentlich, wenn sich kein solches Schild findet? Gilt dann »rechts vor links«? Der Bundesgerichtshof hat genau zu dieser Fragestellung in einem brisanten Urteil vom 11.01.2023 (VI ZR 344-21) Stellung genommen. Laut dem Bundesgerichtshof gelte die allgemein verbreitete Regel »rechts vor links« auf Parkplätzen ohne ausdrückliche Vorfahrtsregelung eben nicht. Vielmehr sollten Autofahrer gegenseitig Rücksicht walten lassen und sich mit den anderen Verkehrsteilnehmern jeweils auf die Vorfahrt verständigen. Die Regelung »rechts vor links« gelte nur, wenn die Fahrspur eindeutigen Straßencharakter habe, zum Beispiel bei Zu- und Abfahrtswegen.

DARF ICH MEIN NICHT ZUM VERKEHR ZUGELASSENES FAHRZEUG AM FAHRBAHNRAND ABSTELLEN?

Beim ruhenden Verkehr kommt es grundsätzlich auf den Zweck des Abstellens an. So stellt zum Beispiel das Abstellen eines Fahrrads einen sogenannten Gemeingebrauch dar. Unterschiede bestehen aber zu der sogenannten Sondernutzung. Das Oberverwaltungsgericht Münster hat im Jahre 2004 entschieden, dass das Abstellen eines nicht zum Verkehr zugelassenen und damit aus Rechtsgründen nicht betriebsbereiten Kraftfahrzeugs kein Parken im straßenverkehrsrechtlichen Sinn und somit auch keinen straßenrechtlichen Gemeingebrauch, sondern eine Sondernutzung darstellt (OVG Münster, NVwZ – RR 2004, 885). Das Verwaltungsgericht Düsseldorf hat sich zehn Jahre später dieser Rechtsprechung angeschlossen. Es hat darauf hingewiesen, dass es bei dem Abstellen eines nicht zugelassenen und somit aus Rechtsgründen nicht betriebsbereiten Kraftfahrzeugs nicht um ein Parken im straßenverkehrsrechtlichen Sinne gemäß § 12 Abs. 2 StVO handle. Grundsätzlich läge danach eine erlaubnispflichtige Sondernutzung vor (VG Düsseldorf, Urteil vom 01.07.2014 – 14 K 54/14). Für den Gebrauch der

Straße über den Gemeingebrauch hinaus benötigt man grundsätzlich eine dementsprechende Sondernutzungserlaubnis, die bei der jeweiligen Behörde zu beantragen ist.

DARF ICH DENN WENIGSTENS MEIN FAHRRAD DORT ABSTELLEN, WO ICH WILL?

Abgestellte Fahrräder gehören zum ruhenden Verkehr und werden daher vom »Gemeingebrauch« erfasst und stellen keine »Sondernutzung« dar. Da Fahrräder zwar Fahrzeuge im Sinne der Straßenverkehrsordnung sind, jedoch der Beschränkung des § 12 Abs. 4 StVO nicht unterliegen, können sie grundsätzlich auf Gehwegen abgestellt werden. Soweit das Abstellen im Einzelfall gegen das Behinderungsverbot nach § 1 Abs. 2 StVO verstoßen sollte, würde dieser Verstoß gegen das Straßenverkehrsrecht nicht zugleich dazu führen, dass das Abstellen die Ausübung einer Sondernutzung begründet. Das Behinderungsverbot gemäß § 1 Abs. 2 StVO besagt, dass Verkehrsteilnehmer sich so zu verhalten haben, dass kein anderer geschädigt, gefährdet oder mehr als nach den Umständen unvermeidbar behindert oder belästigt wird. So darf man Fahrräder aber keinesfalls bei Dunkelheit unbeleuchtet auf der Fahrbahn abstellen. Straßenrechtlich und straßenverkehrsrechtlich ist damit grundsätzlich das Abstellen von Fahrrädern auf Gehwegen oder auf den Fußgängern vorbehaltenen Verkehrsflächen erlaubt.

Diese Regeln gelten jedoch nur, wenn das Fahrrad betriebsbereit ist und vorrangig dem Verkehr dient. Wird es nicht mehr als Verkehrsmittel, sondern zum Beispiel als Objekt zur Installation von Werbeschildern genutzt, liegt kein »Gemeingebrauch« mehr vor, und man muss die erforderliche Genehmigung der Behörde für eine »Sondernutzung« beantragen.

NEHME ICH BEI DER FAHRT MIT EINEM »PARTYBIKE« ODER EINEM »BIERBIKE« AM STRASSENVERKEHR TEIL?

Sogenannte Bierbikes sind als auf die Straße aufgebrachte verkehrsfremde Sachen zu qualifizieren. Die Nutzung solcher Bikes fällt offensichtlich aus dem »Gemeingebrauch« heraus. Das ist immer dann der Fall, wenn die öffentliche Straße durch ein Fortbewegungsmittel ausschließlich oder überwiegend zu anderen Zwecken als zur Fortbewegung in Anspruch genommen und dadurch zu einer auf eine Straße aufgebrachten verkehrsfremden Sache wird. Das »Bierbike« stellt sich bei einer Gesamtschau als rollende Veranstaltungsfläche dar, deren Hauptzweck in der Durchführung von Feiern, Partys oder Ähnlichem auf der Straße besteht und nicht in einer Ortsveränderung zum Personentransport. Von einer Nutzung der Straße als Verkehrsfläche kann daher nicht mehr gesprochen werden. Auch für die Benutzung solcher »Bierbikes« benötigt man also eine Genehmigung, da es sich um eine »Sondernutzung« handelt.

IHRE RECHTE UND PFLICHTEN IM ALLTAG

DARF DER ENERGIEVERSORGER MIR BEI ZAHLUNGSRÜCKSTÄNDEN DEN »GASHAHN« ABDREHEN?

Vor der Sperre des »Gashahns« muss der Versorger bestimmte gesetzliche Vorgaben einhalten. Er darf eine Energiesperre verhängen, wenn er die Sperre vier Wochen vorher androht, er den Vollzug der Sperre acht Werktage vorher in Briefform ankündigt, die Kunden mit mindestens zwei Abschlagszahlungen im Rückstand sind, wobei der Zahlungsverzug bei mindestens 100 Euro liegen muss, und wenn die Sperre verhältnismäßig ist. Das bedeutet, dass der Verbraucher oder die Verbraucherin dem Energieversorger nicht in Aussicht stellt, den Zahlungspflichten nachzukommen, und der Versorger die Kunden schriftlich darüber informiert hat, wie sie eine Unterbrechung der Energiezufuhr vermeiden können. Das können örtliche Hilfsangebote sein, Vorauszahlungssysteme, Energieaudits und Energieberatungsdienste, staatliche Unterstützung oder anerkannte Schuldner- und Verbraucherberatung.

Dabei entstehen den Kunden keine Mehrkosten, wenn der Energieversorger spätestens mit der Ankündigung der Sperre eine »Abwendungsvereinbarung«, das heißt eine Ratenzahlung zur Vermeidung der Sperre, angeboten hat. Diese muss für beide Seiten wirtschaftlich zumutbar sein. Der Energieversorger kann die Raten für jeden Monat im Voraus verlangen. Im ersten Monat fallen daher unter Umständen zwei Zahlungen an – am Monatsanfang für den laufenden Monat und am Monatsende als Vorauszahlung für den Folgemonat.

DARF ICH MICH ALS ANWALT ODER ARZT AUSGEBEN, OBWOHL ES NICHT DER WAHRHEIT ENTSPRICHT?

Der Missbrauch von Titeln, Berufsbezeichnungen und Abzeichen ist in Deutschland ein Vergehen gemäß § 132a StGB. Demnach ist es insbesondere strafbar, unbefugt inländische oder ausländische Amts- oder Dienstbezeichnungen, akademische Grade sowie bestimmte Berufsbezeichnungen zu führen. Geschütztes Rechtsgut ist der Schutz der Allgemeinheit vor dem Auftreten von Personen, die sich durch den unbefugten Gebrauch von Bezeichnungen den Schein besonderer Funktionen, Fähigkeiten und Vertrauenswürdigkeit geben (vgl. BGH 31, 62; 36, 277). Der Täter gibt Garantien für die Qualität, Lauterkeit und Vorhersehbarkeit von Verhalten oder Leistungen in bestimmten sozialen Funktionen vor, die er nicht besitzt. Strafrechtlich handelt es sich um ein abstraktes Gefährdungsdelikt insbesondere im Vorfeld von Täuschungsdelikten, wobei es auch Elemente des Ehren- und Staatsschutzes enthält.

DARF ICH ALS ANWALT VOR GERICHT LÜGEN?

Der Rechtsanwalt – und ganz besonders der Strafverteidiger – ist ein einseitiger Interessenvertreter, der dem Wohl seines Mandanten verpflichtet ist. Trotzdem darf er nicht die Unwahrheit sagen. Der Anwalt darf seinen Mandanten auch nicht dazu auffordern, bewusst die Unwahrheit zu sagen. Das kann insbesondere den Strafverteidiger vor schwierige Situationen stellen. Aufgrund des Sachlichkeitsgebots gemäß § 43a Abs. 3 S. 2 BRAO darf er vor Gericht eigentlich nicht lügen. Sollte er dagegen verstoßen, könnte dies zu einem versuchten oder vollendeten Prozessbetrug führen, was Konsequenzen für den Mandan-

ten sowie für den Anwalt nach sich ziehen kann. Kein Konflikt mit
der Wahrheitspflicht ergibt sich übrigens, wenn der Verteidiger wider
besseres Wissen versucht, einen Freispruch für seinen Mandanten zu
erreichen. Gesteht der Angeklagte die Tat gegenüber seinem Anwalt,
ist dieser nicht verpflichtet, seine Verteidigungsstrategie auf eine Verurteilung hin auszurichten. Denn der Anwalt ist zur Verschwiegenheit
verpflichtet und kann nicht zum Zeugen gegen seinen Mandanten gemacht werden. Dies wird als Anwaltsgeheimnis bezeichnet. Man kann
die Wahrheitspflicht des Anwalts auf eine kurze Formel bringen: »Alles,
was der Verteidiger sagt, muss wahr sein, er muss – und darf – aber
nicht alles sagen, was wahr ist.«

GIBT ES EIGENTLICH EIN GESETZ, DAS DIE GLEICHE BEZAHLUNG FÜR FRAUEN UND MÄNNER REGELT?

Das Grundrecht auf gleiches Entgelt für Männer und Frauen bei gleicher oder gleichwertiger Arbeit ist schon seit 1957 fester Bestandteil
der Europäischen Verträge. Es ist in EU-Richtlinien und dem Allgemeinen Gleichbehandlungsgesetz (AGG) ebenso festgehalten wie im
Völkerrecht. Dennoch wird jedes Jahr im März zum »Equal Pay Day«
ein »Gender Pay Gap« beklagt: Im Durchschnitt verdienen Frauen 20
Prozent weniger als Männer. Rechnet man eine Reihe von strukturellen
Faktoren wie Berufserfahrung oder Branchenzugehörigkeit heraus, ist
ihr Bruttostundenlohn immer noch um sechs Prozent niedriger als der
von vergleichbaren Kollegen.

Wie können Frauen ihr Recht auf Entgeltgleichheit durchsetzen? Zu
beachten ist: Das Auskunftsrecht gilt nur in Betrieben ab 200 Beschäftigten; viele Frauen arbeiten in kleineren, mittelständischen Betrieben.
Die Anfrage selbst kann die Beschäftigte entweder frei formulieren oder
auch das Formular der Bundesregierung benutzen. Die Anfrage sollte

möglichst konkret beschreiben, was sie als gleiche oder gleichwertige Tätigkeit ansieht. Bei gleicher Tätigkeit können die Beschäftigten sich gegenseitig ersetzen. Gleichwertige Tätigkeiten können inhaltlich unterschiedlich sein, bringen aber in der Summe die gleichen Anforderungen und Belastungen mit sich – zum Beispiel Regale einräumen und kassieren. Im Betrieb muss es mindestens sechs Personen des anderen Geschlechts geben, die eine gleiche oder gleichwertige Tätigkeit ausüben. Das soll verhindern, dass die Anfragende die Auskunft individuell zuordnen kann.

DARF ICH SPERRMÜLL AM STRASSENRAND MITNEHMEN ODER IST DAS EIN DIEBSTAHL GEMÄSS § 242 STGB?

Regelmäßig findet sich am Straßenrand eine Menge alter Möbelstücke oder Elektrogeräte und Ähnliches. Genauso regelmäßig sieht man Personen, die sich den abgestellten Sperrmüll genauer anschauen in der Hoffnung, dass noch etwas Brauchbares dabei ist. Ist aber die Mitnahme von Sperrmüll überhaupt erlaubt? Hausmüll und Sperrmüll sind nach dem Gesetz keine eigentumslosen Gegenstände. Indem ich als Eigentümer der Gegenstände diese derart platziere, dass die städtische Müllabfuhr diese mitnehmen kann, geht nach juristischer Auffassung das Eigentum an den Sachen auf das Entsorgungsunternehmen über. Ich gebe daher als Eigentümer das Eigentum an den Gegenständen nicht einfach auf. Der Grund für den Eigentumswechsel sind die ordnungsgemäße Wertstofftrennung und das anschließende Recycling durch die städtische Müllabfuhr. Im Ergebnis begeht man also streng genommen durch die Mitnahme von Sperrmüll einen Diebstahl, der nach § 242 StGB strafbar ist.

GIBT ES EINE VERJÄHRUNGSFRIST FÜR GUTSCHEINE?

Für Gutscheine gilt in der Regel die allgemeine Verjährungsfrist. Das heißt: Sie verfallen nach drei Jahren. Gutscheine können auch mit einer kürzeren Frist ausgestellt werden, eine zu knapp bemessene Frist ist allerdings unwirksam. Verfällt der Gutschein schon vor Ablauf der Verjährungsfrist von drei Jahren, können Sie ihn zwar nicht mehr einlösen, haben aber einen Anspruch darauf, dass Ihnen der Geldwert des Gutscheins (gegebenenfalls abzüglich entgangenen Gewinns des Händlers) innerhalb der dreijährigen Verjährungszeit erstattet wird. Gutscheine können auch stufenweise eingelöst werden – wenn dies für den Händler zumutbar ist und keinen Verlust bedeutet

WIE LANGE MUSS ICH IM RESTAURANT AUF DIE RECHNUNG WARTEN? UND KANN ICH DAS ESSEN ZURÜCKGEBEN, WENN ES MIR NICHT SCHMECKT?

Bringt der Gastwirt beziehungsweise Kellner dem Gast nicht die Rechnung, obwohl dieser mehrfach verlangt zu zahlen, gerät er in Annahmeverzug gemäß §§ 293 ff. (BGB), auch Gläubigerverzug genannt. Danach kommt der Gläubiger in Verzug, wenn er die ihm angebotene Leistung nicht annimmt. Schließlich nimmt der Gastwirt die Begleichung der Schuld nicht an, die der Gast ihm gegenüber hat. Dies entbindet den Gast jedoch nicht von der Verpflichtung, die Rechnung zu bezahlen. Bevor man sich entscheidet, das Restaurant zu verlassen, sollte man auf jeden Fall nach der Rechnung gefragt und seine Personalien hinterlassen haben, damit der Gastwirt dem Gast die Rechnung zuschicken kann. Zusatzkosten wie Porto oder Mahngebühren muss der Gast nicht zahlen.

Das bestellte Essen schmeckt nicht, die Suppe ist kalt, das Fleisch zäh oder gar versalzen. Was kann man dann tun? Grundsätzlich sollte der betroffene Gast sofort reklamieren und nicht erst aufessen. Schmeckt es dem Gast nicht, weil das Gericht seinen Geschmack nicht getroffen hat, kann er es nicht reklamieren. Ist das Essen versalzen, liegt ein Mangel vor, und er kann um Ersatz bitten.

HAT MAN EINEN ANSPRUCH AUF SPEISEN AUS DER SPEISEKARTE?

Kann ich im Restaurant auf die auf der Speisekarte angebotenen Speisen bestehen? Grundsätzlich ja! Die Speisekarte stellt ein unverbindliches Angebot dar. Doch zu jedem juristischen Grundsatz gibt es auch die eine oder andere Ausnahme. Sollte das bestellte Gericht zum Beispiel nicht mehr vorrätig sein, so kann der Gast nicht darauf bestehen, genau das Gericht zu bekommen. Es ist logischerweise unmöglich geworden, das betreffende Gericht anzubieten, und somit entfällt auch die Verpflichtung des Restaurants zum Angebot dieser Speise. Die Unmöglichkeit ist in § 275 BGB normiert. Dabei wird zwischen objektiver und subjektiver Unmöglichkeit unterschieden. Objektive Unmöglichkeit bedeutet, dass die Leistung von niemandem mehr erbracht werden kann, weil die Sache zum Beispiel zerstört ist. Subjektive Unmöglichkeit liegt vor, wenn der geschuldete Leistungserfolg zwar von einem Dritten erbracht werden kann, aber nicht mehr vom Schuldner selbst. Wenn das Gericht schlichtweg nicht mehr vorhanden ist, muss man als Gast auf eine andere Speise zurückgreifen.

KÖNNEN UND DÜRFEN MINDERJÄHRIGE EINEN KAUFVERTRAG ABSCHLIESSEN?

Hier greift der sogenannte Taschengeldparagraf von §110 BGB. Der besagt, dass Menschen ab sieben Jahren, die beschränkt geschäftsfähig sind, rechtswirksame Geschäfte auch ohne Zustimmung der Eltern abschließen können. Sie müssen nur ihre eigenen Mittel verwenden, in der Regel also das Taschengeld. Etwas anderes gilt bei Kaufverträgen, die im Internet abgeschlossen werden. Bei Bestellungen im Internet wird die Rechnung meist im Nachhinein bezahlt. Die Eltern müssen also entweder zuvor zu einem Vertragsabschluss über das Internet einwilligen oder das Geschäft im Nachhinein genehmigen. Wenn diese erforderliche Genehmigung im Nachhinein nicht erteilt wird, gilt der Kaufvertrag als unwirksam mit der Folge, dass die Eltern bei einer »heimlichen« Bestellung des Kindes den Kaufvertrag auch nicht widerrufen müssen, da ja gar kein Kaufvertrag zustande gekommen ist. Für Kinder unter sieben Jahren gilt dies nicht, da sie gemäß § 104 BGB geschäftsunfähig sind.

KANN ICH GEGEN SCHLECHTE NOTEN AUF MEINEM SCHULZEUGNIS VORGEHEN?

Zeugnisse sind manchmal nach Auffassung der Schüler beziehungsweise deren Eltern ungerecht und nicht fair. Insbesondere bei Abschlusszeugnissen oder Versetzungsproblemen kann es daher sinnvoll sein, ein Rechtsmittel gegen die Benotung einzulegen. Bei einem Zeugnis oder auch einer Zeugnisnote handelt es sich um einen öffentlich-rechtlichen Bescheid. Wie gegen jeden anderen Bescheid kann auch gegen diesen Bescheid ein Rechtsmittel eingelegt werden. Bei einer Zeugnisnote ist entweder eine Beschwerde oder ein Widerspruch das richtige Rechtsmittel. Eine Beschwerde ist bei einem Halbjahreszeugnis oder einer Klausur einzulegen. Gegen Noten des Abschlusszeugnisses ist der Widerspruch das richtige Rechtsmittel. Der Widerspruch ist auch das richtige Rechtsmittel für Halbjahreszeugnisse in der Oberstufe, da diese für die Abiturnote relevant sind. Der Widerspruch ist schriftlich bei der Schule einzulegen. Zu empfehlen ist eine umfangreiche Begründung des Widerspruchs. Die rechtswidrige Benotung wird entweder mit materiellen Bewertungsfehlern und/oder mit formellen Fehlern begründet.

DARF EIGENTLICH JEDER MESSENGER-DIENSTE UND SOZIALE MEDIEN BENUTZEN?

Folgende Messenger-Dienste hat bestimmt jeder von uns schon einmal genutzt: WhatsApp, Facebook, Instagram, Threema oder Signal. Doch was steckt eigentlich hinter diesen Programmen? Sie erlauben uns, Nachrichten, Bilder, Videos oder Sprachnachrichten innerhalb von Sekunden um die ganze Welt zu schicken. Bei diesen Diensten werden aber oft personenbezogene Daten gesammelt und gespeichert. Dazu gehören der Name, das Alter, die E-Mail-Adresse und sogar die Kontakte, die im Handy gespeichert sind. Bei einigen Anbietern werden die Nachrichten verschlüsselt, andere Anbieter behalten sich vor, jegliche Nachrichten mitzulesen. Besonderen Schutz vor dem möglichen Missbrauch der personenbezogenen Daten gebührt vor allem Kindern und Jugendlichen. Die Datenschutz-Grundverordnung in Deutschland legt fest, dass die Verarbeitung von personenbezogenen Daten nur nach erfolgter Einwilligung der betroffenen Person erlaubt ist. Diese Einwilligung soll aber erst ab einem Alter von 16 Jahren abgegeben werden können. Für Kinder und Jugendliche unter 16 Jahren ist die Einwilligung der Eltern oder der Erziehungsberechtigten maßgeblich. Inzwischen haben einige Dienste eine Altersgrenze festgelegt: So darf man WhatsApp oder YouTube erst ab dem Alter von 16 Jahren nutzen, hingegen Instagram und Facebook bereits ab dem Alter von 13 Jahren.

 *Praxistipp*: Egal welchen Dienst ihr nutzt, achtet immer auf die Einwilligung der personenbezogenen Daten, um euch selbst im Internet zu schützen!

WIE KANN ICH SCHÖFFE BEI GERICHT WERDEN, UND WAS IST DABEI ZU BEACHTEN?

Schöffen sind ehrenamtliche Richter in Strafprozessen. Diese werden von einer Gemeinde für fünf Jahre gewählt. Für das Schöffenamt sind keine juristischen Vorkenntnisse erforderlich. Die einzigen Voraussetzungen sind die deutsche Staatsbürgerschaft und das Lebensalter zwischen 25 und 70 Jahren. Jeder Schöffe wird von einem Richter vereidigt. Das bedeutet, dass dieser nach bestem Wissen und Gewissen handeln muss und seine Pflichten als ehrenamtlicher Richter im Sinne des Grundgesetzes erfüllt. Als ehrenamtlicher Schöffe unterstützt man die hauptberuflichen Richter bei ihrer Arbeit, indem man an dem Strafprozess teilnimmt und anschließend gemeinsam ein Urteil fällt. Dabei darf man als Schöffe auch aktiv am Prozess teilnehmen, so ist es zum Beispiel im Rahmen der mündlichen Hauptverhandlung gestattet, Fragen an den Angeklagten oder die Zeugen zu stellen. Bei der Festlegung der Höhe der jeweiligen Strafe hat das Stimmrecht eines Schöffen das gleiche Gewicht wie das Stimmrecht eines hauptberuflichen Richters. Dadurch soll die Urteilsfindung »lebensnah« bleiben, und auch Personen, die nicht juristisch »vorbelastet« sind, sollen an der Rechtsprechung beteiligt werden.

MÜSSEN ELTERN IHREN KINDERN ETWAS ZU WEIHNACHTEN SCHENKEN?

Das Oberlandesgericht Dresden hat in seinem Beschluss vom 27.02.2002 (10 UF 743/01) Folgendes festgestellt: »Einem von den Kindern getrennt lebenden Vater kann das Sorgerecht entzogen werden, wenn er kein großes Interesse für die Belange der Kinder zeigt. Schenkt er ihnen zu Weihnachten keine Geschenke, kann dies ein wichtiges Indiz für die Vernachlässigung der Kinder darstellen.« Es ist gerade bei familienrechtlichen Streitigkeiten, wie so oft, auf den Einzelfall abzustellen, und eine pauschale Beantwortung dieser Frage erscheint unmöglich. So ist grundsätzlich zu untersuchen, ob und inwiefern das jeweilige Elternteil Interesse für die Belange und Interessen der Kinder zeigt und ob aus dem Fehlen eben dieser Interessen eine mögliche Vernachlässigung abgeleitet werden kann.

MUSS ICH BEIM KINOBESUCH MEINE TASCHE AN DER KONTROLLE ÖFFNEN? UND DARF ICH MIT MEINEN MINDERJÄHRIGEN KINDERN IN EINEN FILM, DER ALS »FSK 12« ANGEGEBEN WIRD?

Taschenkontrollen sind nur zulässig, wenn ein konkreter Verdacht einer Straftat, in der Regel die des Diebstahls, vorliegt. Besteht ein solcher konkreter Verdacht nicht, ist die Taschenkontrolle nur zulässig, wenn der Betroffene einer solchen Kontrolle zustimmt. Kinobetreiber haben aber oftmals eine Hausordnung und auch ein sogenanntes Hausrecht, worin möglicherweise die Taschenkontrolle vor dem Betreten eines Kinosaals geregelt ist. Eine grundlose Durchsuchung der Tasche oder der Person darf jedoch nicht erfolgen.

Die Abkürzung »FSK« steht für die freiwillige Selbstkontrolle. Filme, die laut freiwilliger Selbstkontrolle ab zwölf Jahren freigegeben sind, dürfen aber auch bereits von Kindern im Alter von sechs Jahren und aufwärts besucht werden. Dabei müssen sie selbstverständlich von einer sorgeberechtigten Person, also zum Beispiel von Mutter oder Vater, begleitet werden. Filme, die der »FSK 16« oder »FSK 18« unterliegen, dürfen jedoch in keinem Fall von einem Kind unter der Altersgrenze von zwölf Jahren besucht werden, auch nicht in Begleitung einer sorgeberechtigten Person.

KANN DIE LEHRERIN EINEM SCHÜLER DAS HANDY IM UNTERRICHT WEGNEHMEN ODER IST DAS EIN DIEBSTAHL GEMÄSS § 242 STGB?

Ein Diebstahl gemäß § 242 Abs. 1 StGB setzt voraus, dass jemand eine fremde bewegliche Sache einem anderen in der Absicht wegnimmt, die Sache sich oder einem Dritten rechtswidrig zuzueignen. Wenn die Lehrerin einem Schüler das Handy abnimmt, hat sie dabei nicht vor, sich dieses dauerhaft zuzueignen. Die Wegnahme des Handys erfolgt nur vorübergehend für die jeweilige Unterrichtsstunde, und somit hat sich die Lehrerin nicht wegen Diebstahls strafbar gemacht. Außerdem ist eine Wegnahme von Gegenständen während des Unterrichts zulässig, wenn ein Schüler den Unterricht beeinträchtigt, so zum Beispiel durch Abspielen von Musik auf dem Handy.

DARF ICH AUF MEINEM BIERDECKEL DIE STRICHE WEGKRATZEN, UM WENIGER ZU BEZAHLEN?

§ 267 StGB bestimmt, dass, wer zur Täuschung im Rechtsverkehr eine unechte Urkunde herstellt, eine echte Urkunde verfälscht oder eine unechte oder verfälschte Urkunde gebraucht, mit Freiheitsstrafe bis zu fünf Jahren oder mit Geldstrafe bestraft wird. Eine Urkunde ist die Verkörperung einer allgemeinen oder für Eingeweihte verständlichen Gedankenerklärung, die den Aussteller erkennen lässt und geeignet und bestimmt ist, im Rechtsverkehr Beweis zu erbringen. Die Striche auf einem Bierdeckel in einer Kneipe stellen ein Beweiszeichen für die getrunkenen Getränke dar. Folglich ist den Strichen auf einem Bierdeckel ein Urkundencharakter zuzusprechen. Kratzt man diese Striche weg, sodass diese für den Gastwirt unlesbar werden, macht man sich wegen einer Urkundenfälschung gemäß § 267 Abs. 1 StGB strafbar.

WAS BEDEUTET EIGENTLICH DER RECHTSBEGRIFF DER »GUTEN SITTEN«?

Gemäß § 138 Abs. 1 BGB ist ein Rechtsgeschäft, das gegen die guten Sitten verstößt, nichtig. Gemäß § 138 Abs. 2 BGB ist ein Rechtsgeschäft insbesondere nichtig, durch das jemand unter Ausbeutung der Zwangslage, der Unerfahrenheit, des Mangels an Urteilsvermögen oder der erheblichen Willensschwäche eines anderen sich oder einem Dritten für eine Leistung Vermögensvorteile versprechen oder gewähren lässt, die in einem auffälligen Missverhältnis zu der Leistung stehen. Der Begriff der »guten Sitten« ist hier nicht genau definiert, juristisch spricht man dabei von einem »unbestimmten Rechtsbegriff«. Die guten Sitten werden allgemein als Anstandsgefühl aller billig und gerecht Denkenden definiert. Der Bundesgerichtshof hat dies wie folgt konkretisiert:

»Als sittenwidrig im Sinne dieser Vorschrift ist ein Rechtsgeschäft zu beurteilen, wenn es nach seinem aus der Zusammenfassung von Inhalt, Beweggrund und Zweck zu entnehmenden Gesamtcharakter, mit den grundlegenden Werten der Rechts- und Sittenordnung nicht zu vereinbaren ist.« Dabei kommt es nicht auf das subjektive Empfinden des Einzelnen an. Maßstab ist die herrschende Rechts- und Sozialmoral. Dabei ist auf die objektive Beurteilung eines Durchschnittsempfindens abzustellen.

KANN MAN IM GEFÄNGNIS HEIRATEN?

Die Ehe funktioniert nicht nur außerhalb des Gefängnisses als Sicherheitsanker oder als Rückzugsort für Paare. Daher kommt es auch regelmäßig zur Trauung hinter Gittern. Natürlich ist es schwer, eine Beziehung oder gar eine Ehe hinter Gittern aufrechtzuerhalten. So gibt es strenge Besuchszeiten und geregelte Besuchstermine. Das heißt, dass eine ständige Zweisamkeit nicht möglich ist. Eine Ehe entspricht aber durchaus dem Gedanken der Resozialisierung der Gefangenen und kann dieser positiv zugutekommen. Die Pflege von Sozialkontakten der Gefangenen ist überaus wichtig, um auch deren psychischer Gesundheit zu entsprechen. Daher steht einer Eheschließung »hinter Gittern« aus rechtlicher Sicht kein Verbot entgegen.

DARF ICH EIN WAHLKAMPFPLAKAT HERUNTERREISSEN, ZERSTÖREN ODER ÜBERMALEN, WENN MIR DIE PARTEI NICHT GEFÄLLT?

Grundsätzlich stellt die Zerstörung eines Wahlkampfplakats eine Sachbeschädigung gemäß § 303 Abs. 1 StGB dar. Danach wird bestraft, wer rechtswidrig eine fremde Sache beschädigt oder zerstört. Gemäß § 303 Abs. 2 StGB wird ebenso bestraft, wer unbefugt das Erscheinungsbild einer fremden Sache nicht nur unerheblich und nicht nur vorübergehend verändert. Bei dem Herunterreißen eines Wahlkampfplakats wird dieses regelmäßig beschädigt, und es wäre von einer Sachbeschädigung auszugehen. Auch das Übermalen eines Wahlkampfplakats stellt eine Sachbeschädigung im Sinne des § 303 StGB dar. Die aufwendige Entfernung der Farbe oder die anderweitige Säuberung des Plakats steht gewöhnlich nicht im Verhältnis zu dem Schaden, der an dem Plakat entstanden ist. Dies gilt selbstverständlich für Wahlkampfplakate aller Parteien. Es kann keine Rechtfertigung dafür geben, Plakate von andersdenkenden Parteien zu beschädigen.

WELCHER PREIS GILT EIGENTLICH IM SUPERMARKT? DER PREIS AN DEM JEWEILIGEN REGAL ODER DER PREIS, DER AN DER KASSE ANGEZEIGT WIRD?

Preisangaben am Regal oder in Werbeprospekten stellen eine Einladung zur Abgabe eines Angebots an den potenziellen Kaufinteressenten dar. Die juristische Bezeichnung für ein solches Konstrukt ist die »invitatio ad offerendum«. Dies bezeichnet eine rechtlich nicht beachtliche Handlung zur Vertragsanbahnung und ist daher von einem Angebot gemäß § 145ff. BGB zu unterscheiden. Ein wirksamer Kaufvertrag kommt erst dann zustande, wenn die »eingeladene« Person ein Angebot abgibt und der andere Vertragspartner das Angebot daraufhin annimmt. Die Rechtsprechung nimmt dabei die Ausstellung der Ware im Supermarkt nicht als Angebot an, da der Rechtsbindungswille fehle. Vielmehr sei erst das Vorlegen der Ware an der Kasse als verbindliches Angebot anzusehen. Wird nun an der Kasse ein anderer Preis angezeigt, stellt dies eine abändernde Annahme gemäß § 150 Abs. 2 BGB dar. Danach gilt eine Annahme unter Erweiterung, Einschränkungen oder sonstigen Änderungen als Ablehnung verbunden mit einem neuen Antrag. Folglich stellt der angezeigte Preis an der Kasse das verbindliche Angebot dar, das man als Käufer anschließend annehmen oder ablehnen kann.

WIE KANN ICH MEINEN FITNESSSTUDIOVERTRAG OHNE EINHALTUNG DER KÜNDIGUNGSFRIST KÜNDIGEN?

Diese Regelung gilt grundsätzlich nur für Fitnessstudios, bei denen man die Verträge online abschließen kann. Der zum 01.07.2022 eingeführte § 312k BGB regelt die Kündigungsmöglichkeit von Verbraucherverträgen im elektronischen Geschäftsverkehr. Sofern das Unternehmen die Schaltflächen beziehungsweise Bestätigungsseite nicht ordnungsgemäß zur Verfügung stellt, kann ein Verbraucher einen Vertrag, der unter die Neuregelung fällt, jederzeit und ohne Einhaltung einer Kündigungsfrist kündigen. Ordnungsgemäß zur Verfügung gestellt bedeutet, dass der »Kündigungsbutton« gut sichtbar auf der Homepage des jeweiligen Fitnessstudios zu erkennen ist. Die Regelung betrifft auch Verbraucherverträge, die vor Inkrafttreten der Gesetzesänderung zustande gekommen sind. Der Kündigungsbutton darf demzufolge nicht so eingerichtet werden, dass nur Neuverträge gekündigt werden können. Sollte ein solcher Button nicht vorhanden sein, kann man als Verbraucher den Fitnessstudiovertrag ohne Einhaltung der gesetzlichen Kündigungsfrist kündigen.

WAS DARF EIGENTLICH DIE POLIZEI? UND WELCHE RECHTE UND PFLICHTEN STEHEN MIR ZU?

MUSS MAN DEN FAHRER IM
ANHÖRUNGSBOGEN BENENNEN?

Mal wieder geblitzt und schon landet der Anhörungsbogen im Brief-kasten, und was jetzt? Im Anhörungsbogen wird zunächst nur der Tat-vorwurf mitgeteilt, und man bekommt als Halter des Fahrzeugs die Möglichkeit, sich zu dem Vorwurf zu äußern. Zwar ist es als bürgerliche Pflicht anzusehen, den Staat bei der Aufklärung von Gesetzesverstö-ßen zu unterstützen. Gemäß § 136 Abs. 1 S. 2 StPO hat jeder aber das Recht, sich nicht selbst zu belasten. Das bedeutet, dass man zu ei-nem bestimmten Tatvorwurf schweigen darf, ohne sich sofort strafbar zu machen. Im Ergebnis bedeutet dies, dass man nicht zwingend den Fahrer eintragen muss, sollte man sich dadurch selbst belasten. Es ist je-doch ratsam, den restlichen Anhörungsbogen unter Beantwortung der Pflichtangaben innerhalb der auf dem Bogen gesetzten Frist zurück-zuschicken. Ansonsten kann die Polizei persönlich erscheinen, um zu ermitteln, ob der Fahrzeughalter auch als betroffener Fahrer in Betracht kommt.

DARF MAN VOR DER POLIZEI
WEGRENNEN ODER SICH GEGEN EINE
MASSNAHME DER POLIZEI WEHREN?

Es gibt keine Norm im Strafgesetzbuch, die das Wegrennen vor der Poli-zei verbietet. Gleichzeitig ist es aber auch nicht explizit erlaubt. Konkret bedeutet dies, wenn man die Flucht ergreift, macht man sich grund-sätzlich nicht strafbar. Ob man jedoch in einer konkreten Situation straffrei davonkommt, hängt von der jeweiligen Situation ab. So ist es gemäß § 113 StGB verboten, Widerstand gegen Vollstreckungsbeamte zu leisten. Wird man beispielsweise bei einer Demonstration durch die Polizei aufgefordert, den Personalausweis vorzuzeigen, und nimmt man in der Folge die Flucht auf, so wäre dies als eine Form von Widerstand gegen Vollstreckungsbeamte anzusehen, was nach § 113 StGB strafbar ist. Widerstand gegen Vollstreckungsbeamte ist nur »erlaubt«, wenn die konkrete Maßnahme der Polizei rechtswidrig ist. Die Rechtswidrigkeit einer Maßnahme ist aber in solch einer konkreten Situation zunächst schwer festzustellen. Grundsätzlich darf man aber davon ausgehen, dass die Polizei einen Grund hat, Sie festzuhalten, und somit zunächst rechtmäßig handelt. Wer also Widerstand leistet, macht sich strafbar.

IST DER KONSUM VON CANNABIS ILLEGAL?

Der Umgang des Gesetzgebers mit Betäubungsmitteln ist im Betäubungsmittelgesetz geregelt. Nachdem in den 1960er-Jahren vermehrt Drogen – beispielsweise Opium – nach Deutschland gelangten, sah der Gesetzgeber ein eigenes Gesetz für Betäubungsmittel vor, um diesem enorm wachsenden Markt entgegenzuwirken. Doch was davon gilt noch heute? Ist der Konsum von Cannabis tatsächlich illegal, und mache ich mich damit zum Straftäter? Grundsätzlich ist nach dem Betäubungsmittelgesetz der bloße Konsum von Drogen egal welcher Art nicht verboten. Die §§ 29ff. BtMG (Betäubungsmittelgesetz) bestimmen vielmehr, dass der Anbau, die Herstellung, der Verkauf oder der Besitz von Drogen strafbar ist. Strafbar sind also demnach die oben genannten Handlungen und streng genommen nicht der reine Konsum. Ob und wie sich das Verhältnis der Strafbarkeit zu Cannabis entwickeln wird, bleibt jedoch spannend und wird weiterhin ein hochbrisantes politisches Diskussionsthema bleiben.

MUSS MAN DEN PERSONALAUSWEIS JEDERZEIT VORZEIGEN KÖNNEN?

Seit meiner Kindheit besteht das »Gerücht«, dass man den Personalausweis jederzeit bei sich tragen muss, um sich ausweisen zu können. Doch stimmt dieses Gerücht, oder kann ich auch ohne meinen Personalausweis vor die Tür gehen? Das Bundesministerium des Innern und für Heimat gibt an, dass jeder Bundesbürger ab Vollendung des 16. Lebensjahres einen amtlichen Identitätsnachweis besitzen muss. In Deutschland erfüllen der Personalausweis sowie der Reisepass diese Funktion. Das Wort »besitzen« impliziert dabei, dass man den jeweiligen Ausweis nicht ständig bei sich führen muss, es reicht auch, wenn man ihn zu Hause liegen hat. Man sollte jedoch regelmäßig die Gültigkeit des jeweiligen Ausweispapiers kontrollieren. Sollte die Gültigkeit des Personalausweises abgelaufen sein, so stellt dies eine Ordnungswidrigkeit dar, die mit einem Bußgeld geahndet werden kann.

Bin ich denn nun verpflichtet, der Polizei meinen Personalausweis vorzuzeigen? Polizisten dürfen nur in bestimmten Situationen eine Identitätskontrolle vornehmen, zum Beispiel wenn man verdächtigt wird, eine Straftat begangen zu haben. Sollte man den Personalausweis jedoch zu Hause vergessen haben, reicht in solchen Fällen auch das Vorzeigen von einem Reisepass oder einem Führerschein aus, da es sich bei der polizeilichen Maßnahme um eine Identitätsfeststellung handelt, und dafür ist nicht zwingend ein Personalausweis erforderlich.

DARF DIE POLIZEI MEIN HANDY KONTROLLIEREN?

Mittlerweile hat jeder von uns rund um die Uhr sein Handy dabei. Ob wir einen Verkehrsunfall beobachten oder eine Auseinandersetzung mitbekommen – sofort wird das Handy gezückt und mitgefilmt. Darf die Polizei nun mein Handy konfiszieren, um die Videos oder Fotos zu sichern? In der Regel dürfen sie dies nicht! Gemäß § 94 StPO (Strafprozessordnung) sind Gegenstände, die als Beweismittel für die Untersuchung von Bedeutung sein können, in Verwahrung zu nehmen oder in anderer Weise sicherzustellen. Befinden sich die Gegenstände in dem Gewahrsam einer Person und werden sie nicht freiwillig herausgegeben, so bedarf es einer sogenannten Beschlagnahme. Diese Beschlagnahme bedarf jedoch grundsätzlich einer richterlichen Anordnung. Eine Ausnahme der richterlichen Anordnung liegt bei »Gefahr in Verzug« vor. Gefahr in Verzug liegt zum Beispiel vor, wenn man selbst einer Straftat verdächtigt wird und der Verdacht besteht, dass man mögliches Beweismaterial noch schnell löschen möchte. Daher muss man in der Regel nicht sein Handy an die Polizei herausgeben. Zudem besteht gemäß § 136 StPO der Grundsatz, dass sich niemand selbst belasten muss (»nemo tenetur se ipsum accusare«). Dieser Grundsatz gehört zu den Prinzipien eines rechtsstaatlichen Strafverfahrens.

MUSS DIE POLIZEI MIR IHREN AUSWEIS ZEIGEN?

Ob die Polizei verpflichtet ist, sich auszuweisen oder nicht, hängt von dem betroffenen Bundesland ab. Meistens besagt die Regelung, dass Polizisten immer einen Dienstausweis dabeihaben müssen. Wird eine Person kontrolliert und verlangt diese, den Ausweis der Polizeibeamten zu sehen, muss er vorgezeigt werden, wenn die Situation es erlaubt; bei Polizisten in Zivil auch unaufgefordert. Dazu ein Beispiel aus dem Polizeigesetz NRW: § 6a Abs.1 PolG NRW: »Polizeivollzugsbeamtinnen und -beamte führen im Dienst einen Dienstausweis mit. Bei der Vornahme einer Maßnahme weisen sich Polizeivollzugsbeamtinnen und -beamte auf Verlangen der betroffenen Person aus, soweit sie oder der

Zweck der Maßnahme hierdurch nicht gefährdet werden. Beim Einsatz in Zivilkleidung erfolgt dies unaufgefordert. [...]«

Dazu gibt es aber auch Ausnahmen, so zum Beispiel in Niedersachsen: Dort steht im Polizeigesetz nichts zu dieser Thematik. In der Polizeidienstverordnung aber heißt es, dass Polizisten generell durch ihre Uniform ausgewiesen sind; den Dienstausweis müssen sie nur vorzeigen, wenn Zweifel bestehen, ob es sich um einen echten Polizisten handelt. Für diese Zweifel reicht kein allgemeines Misstrauen aus, es müssen klare Anhaltspunkte für einen falschen Polizisten vorliegen. Auch wenn sich die uniformierten (!) Polizisten nicht ausweisen, macht dies nicht die Polizeimaßnahme an sich rechtswidrig (vgl. OLG Saarbrücken, VRS 47, 474), das heißt, Widerstand gegen diese Maßnahmen bleibt strafbar nach § 113 StGB. Beamte in Zivil, die nicht als Polizisten erkennbar sind, müssen ihrerseits auch nicht als Beamte angesehen werden. Sollten Zweifel daran bestehen, ob es sich um echte Polizisten handelt, empfehlen viele Polizeistellen, die Polizei anzurufen und nachzufragen, im Zweifel auch über die Notrufnummer 110 (vgl. pd-lg.polizei-nds.de). Gegebenenfalls kann so auch der Name der ermittelnden Beamten herausgefunden werden, wenn sie diesen nicht nennen wollen.

MUSS ICH GEPLANTE STRAFTATEN, VON DENEN ICH KENNTNIS ERLANGE, BEI DER POLIZEI ANZEIGEN?

Grundsätzlich besteht keine allgemeine Pflicht zur Anzeige oder gar Verhinderung geplanter Straftaten. Nur die in § 138 StGB abschließend aufgezählten besonders schwerwiegenden Straftaten begründen eine Anzeigepflicht, so zum Beispiel Mord gemäß § 211 StGB, Totschlag gemäß § 212 StGB, Raub gemäß §§ 249ff. StGB und räuberische Erpressung gemäß §§ 253ff. StGB. Der Täter muss vom Vorhaben oder der Ausführung der aufgezählten Straftaten erfahren und es dann unterlassen haben, dies rechtzeitig anzuzeigen. Vorhaben meint schon die ernsthafte Planung der Tat.

Nicht notwendig ist hingegen, dass bereits mit der Vorbereitung der Tat begonnen wurde. Die Ausführung der Tat kann aber auch schon begonnen haben. Der Täter muss von der Tat zu einer Zeit erfahren, zu der die Ausführung oder der Erfolg noch abgewendet werden können. Erfahren meint, dass der Täter von der Tat glaubhaft Kenntnis erlangt. Bloße Gerüchte von der Tat genügen zum Erfahrenhaben nicht. Geht der Täter irrig davon aus, dass auch eine spätere Anzeige noch rechtzeitig ist, so macht er sich trotzdem nach § 138 Abs. 1 StGB strafbar. Das Vorhaben oder die Ausführung sind so anzuzeigen, dass sich die Ausführung oder der Erfolg verhindern lassen. Nur dann muss der Name des voraussichtlichen Täters angeben werden. Den eigenen Namen hingegen muss der Anzeigende nicht nennen, sofern die Anzeige auch ohne Namensnennung hinreichend ernst genommen wird. Die Anzeige ist an die Behörde (meistens die Polizei) oder den von der Tat Bedrohten zu richten.

IST EIN GEFÄNGNISAUSBRUCH EIGENTLICH STRAFBAR?

Den Straftatbestand »Gefängnisausbruch« oder »Flucht aus der Haft« gibt es im deutschen Strafrecht nicht. Theoretisch kann jeder Gefangene so oft ausbrechen, wie er will, ohne dass ihm dafür ein neuer Prozess drohen würde. Das ist die Theorie, doch praktisch ist eine straffreie Flucht nicht so einfach. Zwar begeht ein Häftling kein Verbrechen, wenn er aus seiner offenen oder nicht abgeschlossenen Zelle unbemerkt an den Justizvollzugsbeamten aus der Anstalt herausspaziert, aber alles zählt als Straftat, was während der Flucht verbrochen wird. Wer Gitterstäbe durchsägt oder Schlösser aufbricht, begeht eine Sachbeschädigung, wer Vollzugsbeamte überwältigt oder sogar in seine Gewalt bringt, muss sich hinterher wegen (eventuell gefährlicher) Körperverletzung, Bedrohung oder sogar Geiselnahme verantworten. Das alles wird nicht plötzlich straffrei, nur weil es zur Flucht verhilft. Zunächst stutzig macht dabei: Da der »Gefängnisausbruch« an sich keine Straftat ist, kann eigentlich auch die Beihilfe zum Ausbruch nicht strafbar sein. Doch hier wirkt der Gesetzgeber entgegen und hat den eigenen Straftatbestand »Gefangenenbefreiung« geschaffen, der in § 120 StGB festgelegt ist. Demnach wird jeder mit Geldstrafe oder Freiheitsstrafe bis zu drei Jahren bestraft, wer »einen Gefangenen befreit, ihn zum Entweichen verleitet oder dabei fördert«. Amtsträger, etwa Vollzugsbeamte, müssen mit noch höheren Freiheitsstrafen rechnen, wenn sie Gefangenen zur Flucht verhelfen.

DARF ICH DIE POLIZEI BEI EINEM EINSATZ FILMEN?

Zu diesem hochbrisanten Thema hat das Oberlandesgericht Zweibrücken in seinem Urteil vom 30.06.2022 (Az. 1 0LG 2 Ss 62/21) Stellung genommen: Filmaufnahmen von Polizeieinsätzen in der Öffentlichkeit sind demnach strafbar. Die Entscheidung traf eine junge Frau, die befürchtete, ein nächtlicher Einsatz in Kaiserslautern könnte aus dem Ruder laufen. Vor allem haben die Richterinnen und Richter die Chance verpasst, eine echte Grundsatzentscheidung mit klaren Leitlinien zu treffen. Wann Polizeieinsätze mit Ton gefilmt werden dürfen, haben Amts- und Landgerichte bislang unterschiedlich beurteilt. Eine umfassende Entscheidung aus der höheren Instanz wäre wertvoll gewesen. Damit vergeht auch die Gelegenheit, Betroffenen und Polizeikräften vor Ort die Unsicherheit zu nehmen, ob Aufnahmen gemacht werden dürfen oder nicht. Anders als die letzten Entscheidungen der Landgerichte zu diesen Fällen verfolgt der Strafsenat des Oberlandesgerichts

Zweibrücken eine strenge Auslegung des § 201 StGB mit der Tendenz, Tonaufnahmen von Polizeieinsätzen im Zweifelsfall strafrechtlich zu ahnden.

Andere Gerichtsentscheidungen hatten versucht, den Bereich strafbarer Aufnahmen durch Auslegung möglichst aus dem § 201 StGB auszugliedern. Sie waren offenbar – wie zahlreiche Stimmen in der Rechtswissenschaft – der Meinung, dass der Paragraf zum Schutz vertraulicher Gespräche nicht auf öffentliche Polizeieinsätze passt. Die großzügige Auslegung der Umstände, die einem Gespräch einen nicht öffentlichen Charakter geben sollen, eröffnet bei Einsätzen das Risiko, dass zufällig hinzutretende Personen oder spontane Abschirmung durch Polizeikräfte die Strafbarkeit von Tonaufnahmen sozusagen deaktivieren oder aktivieren. Das schafft hinsichtlich einer möglichen Strafbarkeit Unsicherheit und bleibt damit auch in der Zukunft ein stark diskutiertes juristisches Problem.

KÖNNEN MICH EIN LADENDETEKTIV ODER AUCH »NORMALE« PERSONEN FESTNEHMEN?

Zu dem Festnahmerecht findet sich in der Strafprozessordnung ein besonderer Paragraf, der § 127 Abs. 1 StPO: »Wird jemand auf frischer Tat betroffen oder verfolgt, so ist, wenn er der Flucht verdächtig ist oder seine Identität nicht sofort festgestellt werden kann, jedermann befugt, ihn auch ohne richterliche Anordnung vorläufig festzunehmen.« Dieses Recht wird auch das »Jedermann-Festnahmerecht« genannt und folgt aus der effektiven Gefahrenabwehr. So geschehen unzählige Straftaten, bei denen nicht sofort die Polizei oder andere Vollzugsbeamte zur Stelle sein können. Daher steht in bestimmten Situationen auch Zivilpersonen ein Recht zu, jemanden festzunehmen. Dabei kommt es vor allem darauf an, dass jemand auf frischer Tat ertappt wurde oder verfolgt wird. Wie auch bei der Festnahme durch Polizisten müssen jedoch auch »normale Zivilisten« das Gebot der Verhältnismäßigkeit beachten. Dies besagt unter anderem, dass man das mildeste Mittel nutzen muss und die Maßnahme geeignet, erforderlich und angemessen sein muss. Man darf also nicht mit roher Gewalt gegen jemanden vorgehen, sondern man sollte sich seines Einsatzes von Gewalt bewusst sein und dementsprechend das eigene Vorgehen anpassen.

MUSS DIE POLIZEI MIR BEI EINER VERHAFTUNG EINEN ANRUF GEWÄHREN?

Jeder von uns hat eine solche Situation schon einmal im Fernsehen gesehen. Auch beim »Tatort« am Sonntagabend um 20:15 Uhr raufen sich einige Strafanwälte die Haare beim Vorgehen der Polizei. Eine verdächtige Person wird festgenommen und in Untersuchungshaft genommen. Und anschließend wird ihr der berühmte Anruf beim Verteidiger durch die vernehmenden Polizisten nicht gestattet. Doch was ist eigentlich dran an dem Mythos des berühmten Anrufs? In Deutschland haben die Rechte der Beschuldigten einen extrem hohen Stellenwert. Bereits in der Ausbildung der Polizisten werden die Rechte und Pflichten der Polizisten sowie der Beschuldigten ausführlich behandelt, damit es in solchen besonderen Situationen vorschriftsgemäß abläuft und keine Fehler unterlaufen. Sobald jemand von der Polizei verhaftet wird, muss dieser Person stets die Möglichkeit gegeben werden, die eigene Familie anzurufen sowie einen Strafverteidiger zu konsultieren. Die Vernehmungsbeamten haben die Pflicht, den zu Vernehmenden auf sein Recht der Hinzuziehung eines Strafverteidigers hinzuweisen. In § 136 Abs. 1 StPO heißt es: »Möchte der Beschuldigte vor seiner Vernehmung einen Verteidiger befragen, sind ihm Informationen zur Verfügung zu stellen, die es ihm erleichtern, einen Verteidiger zu kontaktieren.«

Doch es gibt auch einige Fälle, in denen ein solches Recht nicht beachtet wurde: Ein Anruf bei einem Strafverteidiger wird überhaupt nicht gestattet; die Polizisten gestatten einen einzigen Anruf, sollte dieser nicht erfolgreich gewesen sein, beginnt die anschließende Vernehmung; einer nicht deutschsprachigen Person wird ein deutsches Branchentelefonbuch vorgelegt ohne weitere Hinweise und so weiter. In solchen Fällen wurde aufgrund des Schutzes der Beschuldigten zu ihren Gunsten entschieden, und die Maßnahmen der Polizei zur Hilfe der Verteidigerkonsultierung wurden als nicht ausreichend eingeschätzt. Der Bundesgerichtshof hat zudem bereits einige Male in solchen Fällen entschieden und bestimmt, dass sich Polizeibeamte »ernsthaft und effektiv bemühen müssen, dem Beschuldigten bei der Herstellung des Kontakts zu einem Strafverteidiger zu helfen«.

MUSS DIE POLIZEI MIR MEINE RECHTE VORLESEN?

Inzwischen wissen wir, dass die Polizei mir dabei helfen muss, im Fall einer Vernehmung einen Verteidiger zu kontaktieren. Doch muss mir die Polizei vorher auch alle meine Rechte vorlesen? Aus dem »Tatort« kennen wir alle den Spruch: »Sie haben das Recht zu schweigen. Alles, was Sie sagen, kann und wird vor Gericht gegen Sie verwendet werden.« Doch was ist eigentlich dran an diesem Spruch? Wie bereits festgestellt, spielen die Rechte eines Beschuldigten im Strafprozess zu jedem Zeitpunkt des Verfahrens eine sehr wichtige Rolle. Und dazu gehört auch das Vorlesen der Beschuldigtenrechte. Insbesondere muss man darüber belehrt werden, dass sich niemand selbst belasten muss gemäß § 136 Abs. 1 StPO. Auch diesen Grundsatz, »nemo-tenetur«-Grundsatz genannt, haben wir bereits kennengelernt. Unterlässt die vernehmende Person die Verlesung der Rechte, führt dies bei einer möglichen Aussage des Beschuldigten zu einer Unverwertbarkeit der Aussage. Man kann dies also im Nachhinein »angreifen«, was dazu führen würde, dass das möglicherweise abgegebene Geständnis in einer Verhandlung nicht verwendet werden darf. Das wissen in der Regel natürlich auch die Polizisten. Daher ist es für den Beschuldigten, aber auch für die Vernehmungspersonen von außerordentlicher Wichtigkeit, über alle Rechte aufzuklären.

DARF ICH ZU POLIZISTEN AUCH »BULLEN« SAGEN, ODER IST DAS EINE BELEIDIGUNG?

Grundsätzlich hat jeder das Recht der Meinungsfreiheit, mit der auch Kritik geäußert werden darf. Das Recht der Meinungsfreiheit ist ein Grundrecht und in Art. 5 GG (Grundgesetz) festgesetzt. Danach hat jeder das Recht, seine Meinung in Wort, Schrift und Bild frei zu äußern, zu verbreiten und sich aus allgemein zugänglichen Quellen ungehindert zu informieren. Die Meinungsfreiheit endet aber dort, wo das Persönlichkeitsrecht eines anderen Menschen verletzt wird. Für solche verletzenden Äußerungen gibt es im Strafgesetzbuch den Tatbestand der Beleidigung, § 185 StGB. Die sogenannte Beamtenbeleidigung gibt es jedoch nicht. Auch wenn man einen Polizisten beleidigt, ist das eine »normale« Beleidigung. Beleidigungen gegenüber einem Staatsdiener werden auch nicht härter bestraft als Beleidigungen gegen Privatpersonen. Laut der Rechtsprechung ist eine Beleidigung die »Kundgabe von eigener Missachtung oder Nichtachtung«.

Die Bezeichnung von Polizeibeamten als »Bullen« ist mittlerweile als ein fast umgangssprachliches Synonym anzusehen. Dies hat das Landgericht Regensburg festgehalten (NJW 2006, 629). Damit muss nicht zwingend eine Herabsetzung der Polizeibeamten verbunden sein. So gibt es auch einige berühmte deutsche Krimiserien, wie »Der letzte Bulle« oder »Der Bulle von Tölz«, in denen das Wort »Bulle« als Synonym für Polizeibeamte verwendet wird. Es muss daher immer im

Einzelfall ergründet werden, ob die Bezeichnung »Bulle« eine vorsätzliche Kundgabe der Missachtung oder Nichtachtung oder eine bloße Unhöflichkeit darstellt.

DARF ICH EINEN ANDEREN MENSCHEN TÖTEN, WENN ICH IN NOTWEHR HANDLE?

Das Leben ist das höchste und bedeutendste Rechtsgut unserer Rechtsordnung. Tötet man einen anderen Menschen, gibt es unter anderem den Straftatbestand des Mordes gemäß § 211 StGB oder den des Totschlags gemäß § 212 StGB. Doch mache ich mich auch nach einem der beiden Straftatbestände strafbar, wenn ich mich in einer Notlage befinde und in Notwehr handle? Die Notwehr setzt eine »Notwehrlage« voraus, also einen gegenwärtigen rechtswidrigen Angriff. Ferner benötigt es einer »Notwehrhandlung«, also einer Verteidigungshandlung, die erforderlich und geboten sein muss. Die Handlung muss zudem auch »verhältnismäßig« sein.

Die Verhältnismäßigkeit ist in der juristischen Literatur ein extrem bedeutsamer und viel diskutierter Begriff. Regelmäßig ist bei Prozessen, in denen eine Notwehr problematisch ist, die Verhältnismäßigkeit entscheidend. Man muss als Notwehrhandelnder stets das mildeste Mittel wählen, das den Angriff abwehren kann. So haben einige Gerichte bereits entschieden, dass bei einer Notwehrhandlung mittels eines Schusses beispielsweise erst auf die Beine oder andere Körperteile geschossen werden muss, statt dem Angreifer in den Kopf zu schießen. Eine Verteidigungshandlung in Notwehr sorgt zwar dafür, dass man nicht rechtswidrig handelt und stellt einen sogenannten Rechtfertigungsgrund dar. Dies sollte aber keinesfalls als Recht verstanden werden, andere Menschen schwer zu verletzen oder gar umzubringen.

BIN ICH DAZU VERPFLICHTET, MICH BEI EINER POLIZEIKONTROLLE EINEM ATEMALKOHOLTEST ZU UNTERZIEHEN?

Wir wissen, dass man sich grundsätzlich nicht selbst belasten muss gemäß § 136 StPO. Daraus würde dann doch folgen, dass man nicht ins »Röhrchen pusten« muss, wenn die Polizei dazu auffordert, oder? Sollte die Polizei keinen Verdacht einer Straftat haben, muss man dies grundsätzlich nicht machen. Besteht jedoch ein ernsthafter Verdacht auf Alkohol am Steuer, also auf eine Trunkenheitsfahrt gemäß § 316 StGB, wird man zum ärztlichen Bluttest auf die Wache mitgenommen, um den Alkoholgehalt im Blut zu bestimmen. Einen ernsthaften Verdacht wird die Polizei vermutlich auch haben, wenn Sie zum Beispiel eine Alkoholfahne haben oder die letzten drei Kilometer in Schlangenlinie gefahren sind. Sollte man also das bekannte »Pusten ins Röhrchen« verweigern, hilft das nicht besonders viel. Denn was dann folgt, ist eine Blutentnahme auf der Wache, wodurch der Alkohol im Blut festgestellt wird.

WANN GILT EIN ZEUGE EIGENTLICH ALS »GLAUBWÜRDIG« ODER »UNGLAUBWÜRDIG«?

Bei der Glaubwürdigkeit von Zeugen kommt es maßgeblich auf die persönliche Beziehung des Zeugen zum Angeklagten oder zur Tat an. Hat der Zeuge Anlass, dem Angeklagten zu nutzen oder zu schaden? Wenn ja, dann bestehen Bedenken an der Glaubwürdigkeit. Bei der Glaubhaftigkeit kommt es darauf an, ob einer Aussage ausreichende Realitätskriterien zu entnehmen sind. Diese können sein: Detailreichtum, genaue Ortsangaben, Personenbeschreibungen, Abfolge von Handlungen oder der Inhalt von Gesprächen. Außerdem sprechen Details, die man aufgrund ihrer Ungewöhnlichkeit nicht erwarten würde, für die Glaubhaftigkeit. Auch das Zugeben von Unsicherheit oder Erinnerungslücken spricht dafür. Gegen die Glaubhaftigkeit von Zeugen sprechen folgende Kriterien: Unpräzise Aussagen, Beschränkung der Aussage auf die Kernfragen unter Verwendung von Erfahrungswerten, eine fehlende Struktur der Aussage oder übertriebene Genauigkeit. Wie so oft bei juristischen Problemen sind auch die Glaubwürdigkeit eines Zeugen sowie die Glaubhaftigkeit einer Aussage immer auf den Einzelfall bezogen zu betrachten und können nicht pauschal beantwortet werden.

GIBT ES DEN GRUNDSATZ »IM ZWEIFEL FÜR DEN ANGEKLAGTEN« WIRKLICH?

Eine absolut sichere Gewissheit einer Straftat wird nur in den wenigsten Fällen vorliegen. Fraglich ist daher, welchen Grad die Gewissheit erreichen muss. Und dabei kommt der Grundsatz »in dubio pro reo« zum Tragen. Vernünftige Zweifel des Richters bezüglich eines bestimmten Geschehensablaufs schließen demzufolge eine Verurteilung nach diesem Grundsatz aus. Der Grundsatz gilt aber nur nach Ende der gesamten Beweiswürdigung eines Strafprozesses. Ist der Richter danach nicht von der Schuld des Angeklagten überzeugt, muss er diesen freisprechen. Der Grundsatz gilt allerdings nur für die Frage, ob dem Angeklagten ein tatsächliches Geschehen vorgeworfen werden kann oder nicht.

DARF DIE POLIZEI MICH BEI EINER VERNEHMUNG TÄUSCHEN?

Hochbrisant ist die Frage der Täuschung des Beschuldigten im Rahmen einer Vernehmung. Dabei spielt der § 136a StPO eine entscheidende

Rolle. »Die Freiheit der Willensentschließung und der Willensbetäti-
gung des Beschuldigten darf nicht beeinträchtigt werden durch Miss-
handlung, durch Ermüdung, durch körperlichen Eingriff, durch Ver-
abreichung von Mitteln, durch Quälerei, durch Täuschung oder durch
Hypnose. Zwang darf nur angewandt werden, soweit das Strafverfah-
rensrecht dies zulässt. Die Drohung mit einer nach seinen Vorschriften
unzulässigen Maßnahme und das Versprechen eines gesetzlich nicht
vorgesehenen Vorteils sind verboten.« Die Norm schließt daher nicht
jede kriminalistische List aus, verbietet jedoch eine Lüge, durch die der
Beschuldigte bewusst über Tatsachen oder Rechtsfragen irregeführt und
seine Aussagefreiheit beeinträchtigt wird. Nach § 136a StPO sind unter anderem verboten: die falsche Behauptung, der Beschuldigte sei zu
einer Aussage verpflichtet; die falsche Behauptung, ein Mittäter habe
ein Geständnis abgelegt; die falsche Behauptung, es sei ein Beweismittel gefunden worden. Nicht verboten sind hingegen: Fangfragen, Verschweigen von Untersuchungsmaßnahmen, Einsatz eines V-Mannes,
Vorspiegelung einer freundlichen Gesinnung.

DARF DIE POLIZEI MEIN HANDY ABHÖREN?

Die Überwachung der Telekommunikation ist in § 100a StPO und
§ 100e StPO geregelt. Danach darf die Telekommunikation eines Betroffenen überwacht und aufgezeichnet werden, »wenn bestimmte Tatsachen den Verdacht begründen, dass jemand als Täter oder Teilnehmer
eine schwere Straftat begangen; in Fällen, in denen der Versuch strafbar
ist, zu begehen versucht, oder durch eine Straftat vorbereitet hat«. Der
Katalog der schweren Straftat findet sich in § 100a Abs. 2 StPO, zum
Beispiel Straftaten gegen die sexuelle Selbstbestimmung oder Mord und
Totschlag. Außerdem muss die Tat auch im Einzelfall schwer wiegen,
und die Erforschung des Sachverhalts oder die Ermittlung des Aufenthaltsortes des Beschuldigten muss auf andere Weise wesentlich er-

schwert oder aussichtslos sein. Diese Maßnahme ist in der Regel mit erheblichen Grundrechtseingriffen verbunden, weswegen besondere Anforderungen daran zu stellen sind. Zum einen wird in die Privatsphäre des Beschuldigten sowie in die Privatsphäre unbeteiligter Dritter eingegriffen, etwa des Gesprächspartners. Dafür muss natürlich unter anderem ein Tatverdacht für eine bestimmte Straftat vorliegen. Und wie alle Maßnahmen muss auch diese Maßnahme verhältnismäßig sein. Eine Ausnahme besteht nur bei der Kommunikation mit dem Verteidiger. Ansonsten würde der Grundsatz des unüberwachten mündlichen Verkehrs zwischen Verteidiger und Beschuldigtem missachtet werden.

DARF DIE POLIZEI MEINE FESTPLATTE ODER MEINEN COMPUTER DURCHSUCHEN?

Kaum einem anderen strafprozessualen Problem wurde in Medien und Fachliteratur, aber auch vonseiten der Politik, eine größere Aufmerksamkeit gewidmet als der sogenannten Online-Durchsuchung. Dabei geht es um die Möglichkeit der Ermittlungsbehörden, auf die Festplatte des Computers eines potenziellen Straftäters mithilfe einer während der Internetnutzung installierten Software, eines »Trojaners«, zuzugreifen. Zwar könnte die Polizei auch im Rahmen einer gewöhnlichen Durchsuchung den Computer beschlagnahmen und durchsuchen. Die »Online-Durchsuchung« erfolgt aber heimlich und über einen längeren Zeitraum. Diese Maßnahme ist mittlerweile in § 100b StPO geregelt. Demnach darf auch ohne Wissen des Betroffenen mit technischen Mitteln in ein von dem Betroffenen genutztes informationstechnisches System eingegriffen und Daten daraus erhoben werden.

Auch hierbei müssen bestimmte Tatsachen vorliegen, die den Verdacht begründen, dass jemand als Täter oder Teilnehmer eine besonders schwere Straftat begangen oder in Fällen, in denen der Versuch strafbar ist, zu begehen versucht hat. Beispiele für besonders schwere Straftaten finden sich hier in § 100b Abs. 2 StPO. Die Tat muss auch im Einzelfall besonders schwer wiegen, und die Erforschung des Sachverhalts oder die Ermittlung des Aufenthaltsortes des Beschuldigten muss auf andere Weise wesentlich erschwert oder aussichtslos sein. Selbstverständlich muss die Maßnahme auch in diesem Fall verhältnismäßig sein.

DÜRFEN DIE ERKENNTNISSE AUS DER TELEKOMMUNIKATIONSÜBERWACHUNG IN EINEM STRAFPROZESS GEGEN MICH VERWENDET WERDEN?

Die Erkenntnisse aus einer angeordneten Telekommunikationsüberwachung gemäß §§ 100a, 100b, 100e StPO können grundsätzlich durch eine Zeugenvernehmung des Überwachungsbeamten, durch Inaugenscheinnahme des Protokolls, Abspielen der Ton- und Datenträger oder Verlesen der niedergeschriebenen Gesprächsprotokolle verwertet werden. Doch zu jedem Grundsatz gibt es bekanntlich auch einige Ausnahmen, die in der juristischen Fachliteratur sehr umstritten sind. So zum Beispiel die Frage, ob die Ergebnisse einer Telekommunikationsüberwachung des Beschuldigten mit seinem Bruder oder seiner Schwester in einem Prozess verwendet werden dürfen. In der Regel wird ein Familienangehöriger im Prozess von seinem Zeugnisverweigerungsrecht gemäß § 52 Abs. 1 Nr. 3 StPO Gebrauch machen. Das hätte zur Folge, dass man als Zeugnisverweigerungsberechtigter keine Aussage machen muss. Es ist jedoch aus gesetzgeberischen Gründen davon auszugehen, dass überwachte Telefongespräche eines Beschuldigten mit einer zeugnisverweigerungsberechtigten Person nicht einem Verwertungsverbot unterfallen. Anders ist dies zu behandeln, wenn es sich um eine überwachte Telekommunikation mit dem Strafverteidiger handelt. Einem

Strafverteidiger steht als »Berufsgeheimnisträger« auch ein Zeugnisverweigerungsrecht gemäß § 53 Abs. 1 StPO zu mit der Folge, dass dieser nicht in einem Prozess gegen seinen eigenen Mandanten aussagen muss. Das Zeugnisverweigerungsrecht eines Strafverteidigers bezieht sich dabei auf alle Tatsachen, die ihm bei der Berufsausübung anvertraut oder bekannt geworden sind.

DARF ICH MIR VERHANDLUNGEN VOR DEM STRAFGERICHT ANHÖREN, OBWOHL ICH NICHTS DAMIT ZU TUN HABE?

Nach § 169 GVG ist die Verhandlung vor einem erkennenden Gericht einschließlich der Verkündung von Urteilen und Beschlüssen grundsätzlich öffentlich. Das heißt, dass jeder die Möglichkeit haben muss, sich ohne größere Schwierigkeiten über Ort und Zeit einer Hauptverhandlung zu informieren, und dass ihm jederzeit der Zutritt zu der Verhandlung im Rahmen der tatsächlichen Möglichkeiten eröffnet ist. Durch die Anwesenheit unbeteiligter Dritter – hierzu zählt auch die Presse – soll das Vertrauen der Bevölkerung in die Justiz gefördert und eine unvoreingenommene Verhandlung sichergestellt werden.

Praxistipp: Wenn Sie sich für Strafrecht im »echten Leben« interessieren, dann gehen Sie doch einfach zu Ihrem nächsten Amtsgericht und hören Sie sich mal eine Verhandlung an.

DARF DIE POLIZEI EINE
STRAFANZEIGE ABLEHNEN?

Grundsätzlich ist die Polizei zur Strafverfolgung verpflichtet, sobald sie von einer Straftat Kenntnis erhält. Sie hat also grundsätzlich jede Anzeige aufzunehmen und zu bearbeiten oder an die Staatsanwaltschaft weiterzuleiten. »Grundsätzlich« bedeutet, dass das Legalitätsprinzip auch für die Polizeibehörden und Beamten des Polizeidienstes nicht überall, zu jeder Zeit und für alle Straftaten gilt.

Das Legalitätsprinzip bestimmt die Verpflichtung der Strafverfolgungsbehörden, bei Vorliegen des Verdachts einer Straftat von Amts wegen, also auch ohne Strafanzeige, Ermittlungen aufzunehmen. Verfolgungspflicht setzt jedoch eine örtliche Zuständigkeit der jeweilig handelnden Behörde voraus. Polizeibehörden und ihre Polizeibeamten können zur Strafverfolgung nicht verpflichtet sein, wenn sie örtlich nicht zuständig sind. So ist zum Beispiel ein Polizeibeamter der Polizeibehörde Essen nicht verpflichtet, Strafverfolgungsmaßnahmen einzuleiten, wenn er aus dem Fernsehen erfährt, dass in Frankfurt ein Mord begangen wurde. Unter welchen Voraussetzungen die Strafverfolgungspflicht beginnt, hängt auch davon ab, ob zuständige Beamte des Polizeidienstes von einer Straftat während oder außerhalb des Dienstes Kenntnis erlangen. Strafverfolgungspflicht besteht ferner nicht, wenn keine verfolgbare Straftat gegeben ist oder wenn der Geschädigte bei Privatklagedelikten auf dem Privatklageweg vorgeht.

Ob die Strafverfolgungspflicht greift oder nicht, ist allerdings keine Ermessensfrage. Den Behörden und Beamten des Polizeidienstes steht weder Entschließungs- noch Auswahlermessen zu (vgl. BGH 1 StR 597/52 vom 24.02.1953). Im Interesse effektiver Strafverfolgung ist im Zweifel von der Strafverfolgungspflicht auszugehen.

DARF DIE POLIZEI MICH DURCHSUCHEN?

Eine Durchsuchung einer Person beziehungsweise ihrer Tasche zur Strafverfolgung ist gemäß § 102 StPO grundsätzlich nur dann erlaubt, wenn diese sich der Begehung einer Straftat verdächtig gemacht hat. Dies setzt voraus, dass hinreichende Anhaltspunkte dafürsprechen, dass diese eine strafbare Handlung begangen hat. Darüber hinaus muss zu vermuten sein, dass die Durchsuchung entweder zum Ergreifen des Verdächtigen oder zum Auffinden von Beweismitteln führt. Dies ergibt sich ebenfalls aus § 102 StPO. Die Polizisten dürfen also nicht einfach eine Person und deren Tasche durchsuchen, weil sie neugierig sind. Auf der anderen Seite muss es nicht offensichtlich sein, dass sie etwa Diebesgut vorfinden.

Wichtig ist in diesem Zusammenhang, dass nur Polizeibeamte als Hilfsbeamte der Staatsanwaltschaft zu einer Durchsuchung einer Person und ihrer Tasche berechtigt sind. Andere Leute wie Ladendetektive gehören nicht dazu. Im Rahmen einer allgemeinen Verkehrskontrolle dürfen Polizeibeamte nicht ohne Weiteres den Fahrer oder die anderen Fahrzeuginsassen durchsuchen. Hier müssen ebenfalls hinreichende Anhaltspunkte dafürsprechen, dass diese eine Straftat begangen haben.

WAS PASSIERT EIGENTLICH, WENN ICH EINEN BUSSGELDBESCHEID NICHT BEZAHLE?

§ 96 OWiG (Ordnungswidrigkeitengesetz) bestimmt die Anordnung von Erzwingungshaft. Danach kann das Gericht nach Ablauf der in § 95 Abs. 1 OWiG bestimmten Frist auf Antrag der Vollstreckungsbehörde oder, wenn ihm selbst die Vollstreckung obliegt, von Amts wegen Erzwingungshaft anordnen, wenn die Geldbuße oder der bestimmte Teilbetrag einer Geldbuße nicht gezahlt ist, der Betroffene seine Zahlungsunfähigkeit nicht dargetan hat, er belehrt ist und keine Umstände bekannt sind, die seine Zahlungsunfähigkeit ergeben. Ergibt sich, dass dem Betroffenen nach seinen wirtschaftlichen Verhältnissen nicht zuzumuten ist, den zu zahlenden Betrag der Geldbuße sofort zu entrichten, so bewilligt das Gericht eine Zahlungserleichterung oder überlässt die Entscheidung darüber der Vollstreckungsbehörde. Eine bereits ergangene Anordnung der Erzwingungshaft wird aufgehoben. Die Dauer der Erzwingungshaft wegen einer Geldbuße darf sechs Wochen, wegen mehrerer in einer Bußgeldentscheidung festgesetzter Geldbußen drei Monate nicht übersteigen. Sie wird, auch unter Berücksichtigung des zu zahlenden Betrags der Geldbuße, nach Tagen bemessen und kann nachträglich nicht verlängert, jedoch abgekürzt werden. Wegen desselben Betrags darf die Erzwingungshaft nicht wiederholt werden.

DARF ICH MEINEN GASZÄHLER MANIPULIEREN, UM DIE KOSTEN ZU REDUZIEREN?

Sich als unautorisierte Person an einem Gaszähler zu vergreifen ist keine gute Idee. Es ist im wahrsten Sinne des Wortes brandgefährlich. Eine Gasexplosion kann nicht nur viel teurer werden als der jährliche Gasverbrauch. Sie kann auch Menschenleben kosten. Außerdem fliegt es in aller Regel auf. Unregelmäßigkeiten im Zählwerk, gerade wenn mehrere Haushalte an einem Hauptzähler hängen, werden bei der jährlichen Kontrolle mit an Sicherheit grenzender Wahrscheinlichkeit bemerkt. Und falls nicht, steigt mit jedem Monat, in dem der Zähler falsch dreht, das Risiko, dass er kaputtgeht. Spätestens dann fliegt die Manipulation jedenfalls auf.

Der Gesetzgeber geht in solchen Situationen scharf gegen solche Maßnahmen vor. Je nach konkreter Situation macht man sich nicht nur einer, sondern gleich mehrerer Straftaten schuldig. Die Manipulation des Zählers bedeutet eine Verfälschung technischer Aufzeichnungen gemäß § 268 StGB, wobei es zu der Strafbarkeit gemäß § 268 StGB viele verschiedene Rechtsauffassungen in der juristischen Literatur gibt. Sicher ist aber eine Strafbarkeit wegen Betruges gemäß § 263 StGB. Danach macht sich strafbar, wer in der Absicht, sich oder einem Dritten einen rechtswidrigen Vermögensvorteil zu verschaffen, das Vermögen eines anderen dadurch beschädigt, dass er durch Vorspiegelung falscher oder durch Entstellung oder Unterdrückung wahrer Tatsachen einen Irrtum erregt oder unterhält. Gegebenenfalls wird auch der Vorwurf des Energiediebstahls beziehungsweise der »Entziehung elektrischer Energie« nach § 248c Abs. 1 StGB erhoben. Hinzu kommt in jedem Fall eine Sachbeschädigung gemäß § 303 StGB, wenn der Zähler durch die Manipulation Schaden genommen hat. Kommt es aufgrund der Manipulation zu Gasaustritten, Gasexplosionen oder Ähnlichem, können Delikte wie Körperverletzung gemäß § 223 StGB und fahrlässige Tötung nach § 222 StGB hinzukommen. Aufgrund der möglichen Gefahren und der möglichen Strafbarkeit dieser Fülle von Strafgesetzen ist folglich dringend von einer Manipulation des Gaszählers abzuraten.

IST DIE BUNDESPOLIZEI WIRKLICH NUR AN FLUGHÄFEN, BAHNHÖFEN UND AN DER GRENZE ZUSTÄNDIG?

Das stimmt nur eingeschränkt. Richtig ist wohl, dass die Bundespolizei keine allgemeinen Verkehrskontrollen durchführen darf. Richtig ist auch, dass die Bundespolizei insbesondere in den Bereichen des Grenzschutzes, der Bahnpolizei und der Luftsicherheit ihre Aufgaben wahrnimmt. Bei Kenntnisnahme einer Straftat außerhalb dieser Bereiche, die somit eigentlich in den Zuständigkeitsbereich der jeweiligen Landespolizei fällt, darf sie aber auch dort Maßnahmen treffen. So kann die Bundespolizei zum Beispiel auch den Täter eines Diebstahls verfolgen, wenn dieser bei der Flucht das Gelände des Bahnhofs bereits verlassen hat.

DARF DIE POLIZEI PERSONEN GRUNDLOS FESTHALTEN UND BEFRAGEN?

Grundsätzlich darf sie dies nicht. Die Polizeibeamten müssen immer einen Grund benennen, wenn sie Personen kontrollieren. Dabei muss es sich aber nicht immer um einen konkreten Verdacht einer Straftat handeln. Unter bestimmten Umständen sind auch präventive Kontrollen zur Gefahrenabwehr erlaubt. Sie dienen nicht der Verfolgung einer Straftat, sondern sollen diese verhindern. Dabei reicht es aus, dass an einem bestimmten Ort von einer Gefahr für die öffentliche Sicherheit auszugehen ist. Beispiele hierfür wären eine Demonstration, bei der mit Ausschreitungen gerechnet werden muss, oder an einem stadtbekannten Drogenumschlagsplatz, an dem quasi »dauernd« Straftaten begangen werden.

Die genauen Voraussetzungen für Kontrollen sind in den jeweiligen Polizeigesetzen der Länder festgelegt. Das bayerische Polizeiaufgabengesetz erlaubt zum Beispiel Kontrollen auch an Orten, an denen »Personen der Prostitution nachgehen«. In Ausnahmesituationen lässt das Polizeirecht mancher Bundesländer auch die Ausdehnung der Kontrollen auf größere Gebiete zu. So erklärte zum Beispiel Anfang 2014 die Polizei Hamburg nach Ausschreitungen linker Demonstranten ganze Stadtviertel zum »Gefahrengebiet«. In diesen Bereichen konnte die Polizei also auch ohne besonderen Grund Personen anhalten und kontrollieren, um der Aufgabe der präventiven Gefahrenabwehr nachzukommen.

DARF ICH ALS PRIVATPERSON EINE WAFFE BESITZEN? UND WENN JA, GIBT ES UNTERSCHIEDE ZWISCHEN DEN WAFFENSCHEINEN?

Grundsätzlich muss jede Person, die eine Waffe besitzt, einen Waffenschein vorweisen können. Dabei gibt es sogenannte große und kleine Waffenscheine. Um einen vollwertigen Waffenschein zu erlangen, braucht man als Antragsteller einen Sachkundenachweis, ein »Bedürfnis« sowie eine gültige Haftpflichtversicherung. Im Gegensatz zu einem vollwertigen (großen) Waffenschein muss der Antragsteller für einen kleinen Waffenschein kein Sachkundenachweis, kein Bedürfnis und keine Haftpflichtversicherung nachweisen. Voraussetzung für die Erteilung des kleinen Waffenscheins sind Volljährigkeit, ein fester Wohnsitz, Zuverlässigkeit und die persönliche Eignung. Kriterien für Zuverlässigkeit und persönliche Eignung sind insbesondere: keine Vorstrafen, keine Drogen- oder Alkoholabhängigkeit, keine Mitgliedschaft bei einer verbotenen Organisation oder einer als verfassungswidrig erklärten Partei, Nachweis über eine fachgerechte Aufbewahrung der Waffe. Der kleine Waffenschein berechtigt den Inhaber zum Führen von Signal-, Reizstoff- und Schreckschusswaffen (SRS-Waffen) außerhalb des eigenen Wohn- oder Geschäftsbereichs. Elektroschocker zählen ebenfalls zu den SRS-Waffen. Der Erwerb und Besitz dieser Waffen ist erlaubnisfrei. Ohne kleinen Waffenschein dürfen diese Waffen jedoch nicht mit »außer Haus« genommen werden. SRS-Waffen müssen über eine Zulassung gemäß § 8 Beschussgesetz verfügen. Die SRS-Waffe muss zwingend verdeckt geführt werden. Bei sämtlichen öffentlichen Veranstaltungen darf man SRS-Waffen ebenfalls nicht bei sich führen. Selbstverständlich darf die Waffe nur in Notwehr eingesetzt werden. Der Einsatz außerhalb einer Notwehrsituation ist stets strafbar.

DARF ICH OHNE KLEINEN WAFFENSCHEIN EIN PFEFFERSPRAY ODER EIN CS-GAS MITFÜHREN?

Pfefferspray, das mit dem Begriff »Tierabwehrspray« oder »nur zur Tierabwehr« gekennzeichnet ist, unterliegt nicht dem Waffengesetz. Dieses Spray kann ohne Alterseinschränkung von jedermann gekauft und mitgeführt werden. Wenn dieser Aufdruck fehlt, ist jedoch ein kleiner Waffenschein zwingend erforderlich. Selbstverständlich ist jedoch auch das Pfefferspray »zur Tierabwehr« ausschließlich zum Zweck der Notwehr erlaubt. CS-Gas ist grundsätzlich keine Waffe im Sinne des Waffengesetzes. Ein kleiner Waffenschein ist daher nicht erforderlich, selbst wenn es zum Einsatz gegen Menschen bestimmt ist. CS-Gase dürfen über 14-Jährige in Deutschland erlaubnisfrei erwerben, besitzen und bei sich führen. Auch der Einsatz von CS-Gas ist nur zum Zweck der Notwehr erlaubt und andernfalls strafbar.

DÜRFEN ELTERN IHRE KINDER SCHLAGEN?

Ist es nur ein »Klaps auf den Hintern« oder eine Körperverletzung? Wo sind die Grenzen, wie ist die Rechtslage, was müssen Sie als Eltern hinsichtlich des elterlichen Züchtigungsrechts wissen? Das sogenannte elterliche Züchtigungsrecht fand bis 2000 seine rechtliche Begründung in den §§ 1626 und 1631 BGB. Diese sahen vor, dass Eltern unter gewissen Voraussetzungen ihre Kinder körperlich bestrafen dürfen. Zu berücksichtigen war dabei ein konkreter Anlass sowie das Alter und die körperliche Verfassung des Kindes. Doch auch unter diesen Bedingungen war eine quälerische, gesundheitsschädliche oder demütigende Züchtigung untersagt. § 1631 BGB wurde im November des Jahres 2000 schließlich geändert. Der entscheidende Absatz 2 von § 1631 BGB lautet seitdem: »Kinder haben ein Recht auf gewaltfreie Erziehung. Körperliche Bestrafungen, seelische Verletzungen und andere entwürdigende Maßnahmen sind unzulässig.« Auch wenn dieser Paragraf nun körperliche Bestrafungen verbietet, stellt sich die Frage, wo die Grenzen der körperlichen und seelischen Bestrafung sind.

WELCHE ERZIEHUNGSMITTEL SIND DENN ZULÄSSIG?

Beispiele für erlaubte Erziehungsmittel sind: Kürzung des Taschengeldes; Fernsehverbot; Ausgehverbot; festeres Packen am Arm, um Gefahren zu vermeiden; Ermahnungen; Erklärungen und Verweise.

In der juristischen Literatur wird die vermittelnde Meinung »Hilfe statt Strafe« favorisiert. Hierbei geht man davon aus, dass aus kriminalpolitischen Erwägungen heraus Eltern nicht in jedem Fall auf Gedeih und Verderb bestraft und damit kriminalisiert werden sollen. So könne eine körperliche Maßnahme wie eine Ohrfeige, gegeben in einem schweren Streit mit dem Kind, den Konflikt in der Familie weiter verschärfen, sollte die Ohrfeige strafrechtlich verfolgt werden. Wohlgemerkt geht man hierbei von einem grundsätzlich liebevollen Verhältnis zwischen Eltern und Kind aus, wobei die körperliche Strafe lediglich in einem schweren Streit erfolgte und somit die Ausnahme bildet.

Als Beispiel sei hier ein Streit zwischen Vater und Sohn genannt. Der an sich gut erzogene Sohn beschimpft dabei seinen Vater auf das Übelste, wodurch der Vater spontan mit einer Ohrfeige reagiert. Auch wenn dies laut § 1631 BGB zu einer körperlichen Bestrafung zählt, schlägt man angesichts der strafrechtlichen Konsequenzen gegen den Vater, der ansonsten ein liebevolles Verhältnis zu seinem Sohn pflegt, vor, einen persönlichen Strafausschließungsgrund für den Fall zu schaffen, dass ein Elternteil aus erzieherischen Gründen ein schweres Fehlverhalten seines Kindes mit einer maßvollen Strafe ahndet.

DARF DIE POLIZEI BEI EINER VERNEHMUNG FOLTER ANWENDEN, UM EIN GESTÄNDNIS ZU ENTLOCKEN?

Foltern bedeutet, einen Menschen mit der Absicht so lange zu quälen, bis er Informationen preisgibt. Manchmal soll derjenige ein Geständnis über eine Tat ablegen, die er tatsächlich oder nur angeblich begangen hat. In Art. 3 der Menschenrechtserklärung der Vereinten Nationen und in der Europäischen Menschenrechtskonvention sowie in Art. 104 des Grundgesetzes ist mittlerweile normiert, dass die Folter verboten ist. So gab es in Deutschland im Jahr 2002 den aufsehenerregenden Fall der Entführung des Jungen Jakob von Metzler und des folgenden Prozesses von Markus Gäffgen. Der Junge wurde entführt und das Versteck durch den Entführer nicht bekannt gegeben. Im darauffolgenden Prozess stellte sich heraus, dass die Polizeibeamten möglicherweise Folter während der Vernehmung des Entführers angewandt haben. Dabei stand die Frage der sogenannten Rettungsfolter im Raum. Die »Rettungsfolter« ist an den finalen Rettungsschuss angelehnt, also das Foltern zum Abwenden einer Gefahr. Im damaligen Fall sprach der Europäische Gerichtshof für Menschenrechte dem Entführer eine monetäre Entschädigung zu. Dabei bezeichnete er die angedrohte Folter aber »nur« als unmenschliche beziehungsweise erniedrigende Behandlung. Psychischer Schmerz wurde dabei aber auch als Folter ausgelegt. Zudem kam es aber auch darauf an, dass es zu keiner physischen Folterhandlung kam und sich die Androhung lediglich auf einen Zeitraum von zehn Minuten beschränkte. Damit war die Mindestschwere der Foltergrenze nicht überschritten. Grundsätzlich kann aber festgehalten werden, dass die Polizeibeamten während der Vernehmung eines Beschuldigten niemals physische oder psychische Folter anwenden dürfen, um ein Geständnis oder eine Aussage zu entlocken.

IST MOBBING NACH DEM STRAFGESETZBUCH STRAFBAR?

Mobbing ist mittlerweile ein weit verbreitetes Phänomen. So kann dies in der Schule, beim Sport oder am Arbeitsplatz stattfinden. Von Mobbing spricht man, wenn jemand von einem anderen oder mehreren Personen schikaniert wird, diese Schikanen häufig vorkommen, dies über einen längeren Zeitraum geschieht und die Opfer sich gegenüber ihren Mobbern hilflos ausgesetzt fühlen. Mobbing ist eine Form von physischer oder psychischer Gewalt. Mittlerweile hat sich auch der Begriff des »Cybermobbings« etabliert. Dabei wird zum einen mithilfe verschiedener Medien und zum anderen in diesen sozialen Medien die jeweilige betroffene Person gemobbt. Das Grundgesetz garantiert eine Vielfalt von Grundrechten, die dem Schutz der eigenen Rechte dienen. So auch zum Beispiel die persönliche Ehre, das Recht auf körperliche Unversehrtheit, das Recht am eigenen Bild oder das Recht auf informationelle Selbstbestimmung.

Im Fall des Mobbings gibt es eine Vielzahl von Straftaten, die man dabei begeht, beispielsweise einen Verstoß gegen das Bundesdatenschutzgesetz, die Nachstellung gemäß § 238 StGB, die Beleidigung gemäß § 185 StGB, die üble Nachrede gemäß § 186 StGB, die Verleumdung gemäß § 187 StGB, durch das Verbreiten von Fotos die Verletzung des höchstpersönlichen Lebensbereichs gemäß Art 1 Abs. 1 i.V.m. Art. 2 Abs. 1 GG und so weiter. Mobbing ist also nicht nur strafbar, sondern auch extrem verwerflich, da man das Leben des Opfers erheblich negativ beeinträchtigt und einen erheblichen Eingriff in die Grundrechte der jeweiligen Person vornimmt.

WAS BEDEUTET EIGENTLICH STRAFMÜNDIGKEIT?

Mündigkeit setzt mit Erreichung der Volljährigkeit, also mit dem 18. Lebensjahr, ein. Strafmündigkeit kann aber bereits schon vor dem 18. Lebensjahr bestehen. Dies setzt die Fähigkeit voraus einzusehen, dass ein Unrecht oder eine strafbare Handlung begangen wurde. Das Strafgesetzbuch sieht eine Strafmündigkeit zum Teil bereits ab dem 14. Lebensjahr vor. Dabei werden die sogenannten Jugendlichen unter bestimmten Voraussetzungen verantwortlich gemacht und anschließend nach dem Jugendstrafrecht, nicht nach dem Erwachsenenstrafrecht, verurteilt. Das Jugendstrafrecht wurde in Deutschland im Jahr 1974 eingeführt und soll in erster Linie nicht die Strafe vorsehen, sondern im Sinne des Erziehungsgedankens mit Maßnahmen, wie beispielsweise Sozialstunden, ausgelegt werden.

Mit dem 18. Lebensjahr tritt sodann die volle Strafmündigkeit ein. Doch auch hier gibt es noch eine Ausnahme: So kann bei den sogenannten Heranwachsenden, das sind Personen zwischen dem 18. und dem 21. Lebensjahr, weiterhin das Jugendstrafrecht angewandt werden. Dabei ist dem Reifegrad der Persönlichkeitsentwicklung in sittlicher und geistiger Hinsicht zur Zeit der Tat Rechnung zu tragen. Dies ist gemäß § 105 Abs. 1 Nr. 1 JGG durch eine Gesamtwürdigung der Persönlichkeit des Täters unter Berücksichtigung der Umweltbedingungen festzustellen.

WAS SIND DIE SOGENANNTEN VERDECKTEN ERMITTLER?

Der Einsatz von verdeckten Ermittlern ist eine mittlerweile häufig angewandte Maßnahme der Strafverfolgungsbehörden zur Ermöglichung der effektiven Strafverfolgung. Dabei ermitteln die Polizei- und Kriminalbeamten, ohne sich als Polizisten zu erkennen zu geben. Gemäß § 110a StPO dürfen verdeckte Ermittler zur Aufklärung von Straftaten eingesetzt werden, wenn zureichende tatsächliche Anhaltspunkte dafür vorliegen, dass eine Straftat von erheblicher Bedeutung auf dem Gebiet des unerlaubten Betäubungsmittel- oder Waffenverkehrs, der Geld- oder Wertzeichenfälschung, des Staatsschutzes, gewerbs- oder gewohnheitsmäßig oder von einem Bandenmitglied oder in anderer Weise organisiert, begangen worden ist. Zur Aufklärung von Verbrechen dürfen verdeckte Ermittler auch eingesetzt werden, sofern aufgrund bestimmter Tatsachen die Gefahr der Wiederholung besteht. Der Einsatz ist jedoch nur zulässig, wenn die Aufklärung auf andere Weise aussichtslos oder wesentlich erschwert wäre. Verdeckte Ermittler sind Beamte des Polizeidienstes, die unter einer ihnen verliehenen, auf Dauer angelegten veränderten Identität (Legende) ermitteln. So soll die Sicherheit der Beamten gewahrt werden, dass keine Rückschlüsse auf ihr privates Leben oder ihre privaten Kontakte möglich sind.

Die Aufgabe der verdeckten Ermittler ist selbstverständlich die Aufklärung des jeweiligen Verbrechens. Dazu gehört zum Beispiel im Bereich des Drogenhandels, dass die Ermittler die Organisation und die Methoden der Kriminellen infiltrieren, um so die Arbeitsweise herauszufinden. Dabei haben die verdeckten Ermittler vor allem zu beachten, dass sie selbst keine Straftaten begehen oder sich an keinen Straftaten beteiligen dürfen. Beweise sind vor Gericht nur unter strengen Voraussetzungen verwertbar. Sollten verdeckte Ermittler also Beweise auf ungesetzliche Art erlangt haben, so wären diese in einem möglichen Gerichtsprozess nicht verwertbar.

WIE WEIT REICHEN DIE BEFUGNISSE DER POLIZEI?

Eine Maßnahme der Polizei kann sowohl der Gefahrenabwehr als auch der Strafverfolgung dienen. Die Gefahrenabwehr wird dabei als präventiv bezeichnet, die Strafverfolgung als repressiv. Dabei spricht man von einer »doppelfunktionalen Maßnahme«. Die Kriterien der Zuordnung einer solchen Maßnahme sind in der juristischen Literatur sehr umstritten. So können diese zum einen der Gefahrenabwehr, zum anderen aber auch der Strafverfolgung zuzuordnen sein, sodass ein Betroffener auch doppelt betroffen sein kann. Eine Abgrenzung erfolgt anhand des objektiven Schwerpunkts der Maßnahme der Polizei. Das bedeutet, dass die Maßnahme aus der Sicht eines verständigen Bürgers in der Position eines Betroffenen zu bewerten ist. Der juristische Fachbegriff dafür ist die sogenannte Schwerpunkttheorie. Die Polizei kann auch eine sogenannte Strafverfolgungsvorsorge betreiben. Dadurch könnte sie zukünftig befürchtete Straftaten leichter verfolgen und der Begehung dieser Straftat bereits im Vorfeld entgegentreten. Dabei ist jedoch ein konkreter Anhaltspunkt für den Verdacht der Begehung einer Straftat erforderlich. In einem solchen Fall könnte die Polizei bereits im Voraus erkennungsdienstliche Maßnahmen gegenüber Personen vornehmen.

WONACH BESTIMMT SICH EIGENTLICH DER »GEFAHRENBEGRIFF«, DER EIN EINSCHREITEN DER POLIZEI RECHTFERTIGT?

Der Begriff der Gefahr bildet die Eingriffsschwelle für die Polizei und die Ordnungsbehörden. Eine »konkrete« Gefahr ist gegeben, wenn Tatsachen vorliegen, die bei ungehindertem Geschehensablauf mit hinreichender Wahrscheinlichkeit in absehbarer Zeit zu einem nicht nur völlig belanglosen Schaden an einem Schutzgut führen. Das Vorliegen einer Gefahr setzt eine hinreichende Wahrscheinlichkeit des Schadenseintritts voraus, die bloße Möglichkeit des Schadenseintritts reicht hingegen nicht aus. So hat das Oberverwaltungsgericht Münster in seinem Urteil vom 22.06.2021 (5 A 1386/20) festgelegt: »Je gewichtiger das bedrohte Schutzgut und je größer das Ausmaß des möglichen Schadens ist, umso geringere Anforderungen werden an die Schadensnähe gestellt.«

Eine »abstrakte Gefahr« ist gegeben, wenn eine generell abstrakte Betrachtung für bestimmte Arten von Verhaltensweisen oder Zuständen zu dem Ergebnis führt, dass mit hinreichender Wahrscheinlichkeit ein Schaden im Einzelfall einzutreten pflegt und daher Anlass besteht, diese Gefahr mit generell abstrakten Mitteln zu bekämpfen.

Eine »gegenwärtige Gefahr« ist eine Sachlage, bei der das Ereignis, das einen Schaden für polizeiliche Schutzgüter herbeiführt, bereits begonnen hat oder unmittelbar beziehungsweise in allernächster Zeit mit an Sicherheit grenzender Wahrscheinlichkeit bevorsteht.

Eine »erhebliche Gefahr« bedeutet eine konkrete Gefahr für ein bedeutsames Rechtsgut. Beispiele hierfür wären der Bestand des Staates, das Leben, die Gesundheit, die körperliche Freiheit oder ein nicht unwesentlicher Vermögenswert.

Eine »Gefahr für Leib und Leben« ist eine Sachlage, bei der eine nicht nur leichte Körperverletzung oder der Tod einzutreten droht.

Eine »gemeine Gefahr« liegt vor, wenn ein Schaden für eine unbestimmte Zahl von Personen oder erhebliche Sachwerte droht.

Eine »dringende Gefahr« ist gegeben, wenn ein besonders wichtiges Rechtsgut, insbesondere das Leben, unmittelbar gefährdet ist.

Eine »drohende Gefahr« ist gegeben, wenn Angriffe von erheblicher Intensität auf ein bedeutendes Rechtsgut in absehbarer Zeit zu erwarten sind.

»Gefahr in Verzug« liegt vor, wenn das vorherige Einholen der gesetzlich vorgesehenen richterlichen Anordnungen den Erfolg der Maßnahme gefährden würde.

Eine »latente Gefahr« ist eine bereits bestehende Sachlage, die sich erst nach Hinzutreten weiterer Umstände zu einer »konkreten Gefahr« entwickelt.

Eine »Anscheinsgefahr« ist eine Sachlage, bei der die handelnde Behörde zum Zeitpunkt ihres Handelns bei verständiger Würdigung des objektiven Sachverhalts vernünftigerweise eine Gefahrenlage annehmen durfte, obwohl in Wirklichkeit keine Gefahr vorlag, wie sich nachträglich herausstellte.

Eine »putative Gefahr« liegt vor, wenn die handelnde Behörde irrig und fehlerhaft eine Gefahr annimmt und die Fehleinschätzung auf einer unvertretbaren und damit pflichtwidrigen Einschätzung der Situation beruht.

Ein »Gefahrenverdacht« ist gegeben, wenn tatsächliche Anhaltspunkte vorliegen, die lediglich den Verdacht einer Gefahr begründen, aber eine objektive Gefahrenlage nicht tragen. In Fällen des Gefahrenverdachts muss die handelnde Behörde sich auf Maßnahmen zur Sachverhaltsaufklärung (Gefahrerforschung) beschränken.

WAS BEDEUTET DIE »ÖFFENTLICHE SICHERHEIT«?

Der Begriff der öffentlichen Sicherheit ist im Recht der Gefahrenabwehr von zentraler Bedeutung. Das Schutzgut der öffentlichen Sicherheit wird in drei Teilschutzgüter unterteilt. Diese sind: die Unverletzlichkeit der Rechtsordnung, die Unverletzlichkeit der subjektiven Rechte und Rechtsgüter des Einzelnen und der Bestand und das Funktionieren des Staates sowie seiner Einrichtungen und Veranstaltungen. Zur Rechtsordnung gehören Rechtsnormen jeder Art, vom Grundgesetz über das Strafgesetzbuch bis hin zum Recht der Ordnungswidrigkeiten. Zu der Unverletzlichkeit der subjektiven Rechte des Einzelnen gehören insbesondere das Leben, die Gesundheit, die Freiheit, das Eigentum sowie allgemeine Persönlichkeitsrechte. Mit dem Bestand des Staates ist die territoriale Unversehrtheit und die politische Unabhängigkeit der Bundesrepublik Deutschland gemeint. Einrichtungen und Veranstaltungen des Staates meint insbesondere Behörden, Körperschaften, Stiftungen oder Anstalten. Als Beispiel könnte das verkehrswidrige Parken des Autos in einer scharfen Kurve genannt werden. Dabei wird das Teilschutzgut der »Unverletzlichkeit der Rechtsordnung« verletzt. Zudem werden durch das falsche Parken auch die »subjektiven Rechte und Rechtsgüter« anderer Verkehrsteilnehmer, insbesondere das Leben und die Gesundheit, verletzt, da das falsch abgestellte Auto eine Gefahr im Straßenverkehr darstellt.

WAS BEDEUTET DIE »ÖFFENTLICHE ORDNUNG«?

Unter öffentlicher Ordnung wird die Gesamtheit der ungeschriebenen Regeln verstanden, deren Befolgung nach den jeweils herrschenden und mit dem Wertgehalt des Grundgesetzes zu vereinbarenden sozialen und ethischen Anschauungen als unerlässliche Voraussetzung eines geordneten menschlichen Zusammenlebens innerhalb eines Gebiets angesehen wird. Als Beispiel könnten Laserspiele in einem Laserdrom genannt werden, die nach der Rechtsprechung des Bundesverwaltungsgerichts (BVerwG NVwZ 2002, 599) als Gefahr für die öffentliche Ordnung gelten. Das Bundesverwaltungsgericht hat in seiner Entscheidung festgestellt, dass Laserspiele in einem Laserdrom, bei denen Menschen zum Objekt simulierter Tötungshandlungen werden, den grundgesetzlichen Wertungen widersprechen. Maßgebliche Kriterien für diese Wertung seien die Menschenwürde (Art. 1 Abs. 1 GG), das Recht auf Leben und

körperliche Unversehrtheit (Art. 2 Abs. 2 S. 1 GG) und das staatliche
Gewaltmonopol (Art. 20GG).

KÖNNEN SOGENANNTE ZUFALLSFUNDE IN EINEM STRAFPROZESS GEGEN MICH VERWERTET WERDEN?

Als Zufallsfund werden Erkenntnisse bezeichnet, die sich auf eine andere Tat als die Tat beziehen, deretwegen zum Beispiel eine Durchsuchung oder eine Telekommunikationsüberwachung angeordnet wurde.
Die Verwendung von Zufallsfunden regelt das Gesetz ausdrücklich in
§ 479 Abs. 2 StPO. Danach ist die Verwendung personenbezogener
Daten, die nicht die Verwertung von Erkenntnissen im Ausgangsver-
fahren zur Aufklärung der Anlasstat betreffen, ohne Einwilligung des
Betroffenen zu Beweiszwecken verfahrensübergreifend auch zur Aufklärung anderer Straftaten als der Anlasstat zulässig, wenn diese durch eine
strafprozessuale Maßnahme erlangt worden sind, die für die nunmehr
aufzuklärende Straftat gleichfalls hätte angeordnet werden dürfen. Die
gezielte Suche nach Zufallsfunden ist hingegen nach allgemeiner Auffassung unzulässig. Dabei muss stets zwischen dem Strafverfolgungs-
interesse und dem Schutzbereich des Betroffenen abgewogen werden.

KANN EIN ZEUGE, DER BEI DER VERNEHMUNG DURCH DIE POLIZEI AUSGESAGT HAT, EINE ERNEUTE AUSSAGE VOR GERICHT VERWEIGERN?

Sofern sich ein Zeuge nicht selbst belastet, ist dieser zur Aussage vor
Gericht verpflichtet, worauf auch immer ausdrücklich hinzuweisen ist.

Bei der Nichtbeachtung der Aussagepflicht ist die Verhängung eines Ordnungsgeldes oder der Ordnungshaft möglich gemäß §§ 48 Abs. 1 S. 2, 70 Abs. 1 und 2 StPO. Oftmals ist es aber dann vor Gericht unsicher, ob der Zeuge die den Angeklagten belastenden Angaben vor Gericht wiederholen oder sich aus Angst zum Beispiel »in Vergessen« flüchten wird. In einem solchen Fall kann die jeweilige Vernehmungsperson als »Zeuge vom Hörensagen« zur Aussage des Zeugen im Rahmen der polizeilichen Vernehmung vernommen werden. Dem steht § 252 StPO insofern nicht entgegen, wenn der Zeuge kein Zeugnisverweigerungsrecht hat. Nach § 252 StPO darf die Aussage eines vor der Hauptverhandlung vernommenen Zeugen, der erst in der Hauptverhandlung von seinem Recht, das Zeugnis zu verweigern, Gebrauch macht, nicht verlesen werden. Zudem können gemäß § 254 StPO Erklärungen des Angeklagten, die in einem richterlichen Protokoll oder in einer Bild-Ton-Aufzeichnung einer Vernehmung enthalten sind, zum Zweck der Beweisaufnahme über ein Geständnis verlesen beziehungsweise vorgeführt werden. Dasselbe kann geschehen, wenn ein in der Vernehmung hervortretender Widerspruch mit der früheren Aussage nicht auf andere Weise ohne Unterbrechung der Hauptverhandlung festgestellt oder behoben werden kann. Es kommt folglich maßgeblich darauf an, ob die erste Aussage in einer Vernehmung vor einer Vernehmungsperson der Polizei oder vor dem Ermittlungsrichter abgegeben wurde.

WORIN BESTEHT DER UNTERSCHIED ZWISCHEN EINER »WAFFE« UND EINEM »GEFÄHRLICHEN WERKZEUG«?

Die besondere Konstellation der Verwendung einer »Waffe« oder eines »gefährlichen Werkzeugs« ist unter anderem bei den Körperverletzungsdelikten gemäß § 223ff. StGB relevant. Gemäß § 223 StGB macht sich jemand der Körperverletzung strafbar, wer eine andere Person körperlich misshandelt oder an der Gesundheit schädigt. In § 224 StGB ist die gefährliche Körperverletzung normiert, die aufgrund der »gefährlichen« Begehungsweise härter bestraft wird als die »einfache« Körperverletzung. So kann man eine Körperverletzung gemäß § 224 Abs. 1 Nr. 2 StGB unter anderem mittels einer Waffe oder eines anderen gefährlichen Werkzeugs begehen.

Ein gefährliches Werkzeug ist ein Gegenstand, der seiner Beschaffenheit und seiner konkreten Verwendung nach dazu geeignet ist, erhebliche Verletzungen zu bewirken. Ein Beispiel für ein gefährliches Werkzeug wäre zum Beispiel der »beschuhte Fuß« bei einem Tritt. Die »Waffe« ist ein Unterfall des gefährlichen Werkzeugs. Sie ist ein Gegenstand, der zu Verletzungen von Menschen bestimmt ist. Das Verwenden der Waffe setzt den Einsatz der Gefährlichkeit der Waffe voraus. Ein Beispiel für eine Waffe wäre zum Beispiel eine Pistole.

WELCHE BEWEISMITTEL KÖNNEN EIGENTLICH VOR GERICHT VERWENDET WERDEN?

Zu den wichtigsten Beweismitteln vor Gericht gehört zunächst die Einlassung des Angeklagten. Mit Einlassung meint man das Geständnis oder das Teilgeständnis. Ein weiteres Beweismittel können Zeugen sein. Zeugen einer Tat sind zum Beispiel Personen, die die jeweilige Tat beobachtet haben. Es können aber auch Polizeibeamte oder andere am Verfahren beteiligte Personen sein. Außerdem zählen Urkunden zu den möglichen Beweismitteln vor Gericht. Urkunden sind zum Beispiel polizeiliche Vermerke, Protokolle einer Telefonüberwachung oder aber auch der Durchsuchungsbericht der Polizei. Ein weiteres Beweismittel sind die »Objekte des Augenscheins«. Damit sind zum Beispiel solche Tatmittel gemeint wie ein sichergestelltes Päckchen Marihuana oder

Koks, gegebenenfalls eine bei der Tat verwendete Waffe oder Audiodateien einer Telekommunikationsüberwachung. Ein weiteres Beweismittel vor Gericht können auch die Aussagen von Sachverständigen sein.

MACHE ICH MICH STRAFBAR, WENN ICH WÄHREND DER TAT VON MEINEM OPFER ABLASSE UND DIE FLUCHT ERGREIFE?

Das deutsche Strafrecht sieht in § 24 StGB die Möglichkeit vor, von einer Tat zurückzutreten. Danach wird wegen Versuchs nicht bestraft, wer freiwillig die weitere Ausführung der Tat aufgibt oder deren Vollendung verhindert. Wird die Tat ohne Zutun des Zurücktretenden nicht vollendet, so wird er straflos, wenn er sich freiwillig und ernsthaft bemüht, die Vollendung zu verhindern. Sind an der Tat mehrere beteiligt, so wird wegen Versuchs nicht bestraft, wer freiwillig die Vollendung verhindert. Jedoch genügt zu seiner Straflosigkeit sein freiwilliges und ernsthaftes Bemühen, die Vollendung der Tat zu verhindern, wenn sie ohne sein Zutun nicht vollendet oder unabhängig von seinem früheren Tatbeitrag begangen wird. Es gibt also verschiedene Handlungskonstellationen und verschiedene Ansprüche an den jeweiligen Täter oder die Täter, die diese für einen wirksamen Rücktritt von einer Tat erfüllen müssen. Dahinter steckt eine rechtspolitische Idee, die einem Täter eine »goldene Brücke«, ihm also die Rückkehr zu einem normenkonformen Verhalten ermöglichen soll. Doch kommt diese Möglichkeit nicht nur dem Täter zugute, sondern auch dem betreffenden Opfer. Auch das beruht auf der rechtspolitischen Idee des Opferschutzgedankens.

Für einen wirksamen Rücktritt von der Tat müssen einige Voraussetzungen erfüllt werden. So darf der Versuch einer begangenen Straftat noch nicht fehlgeschlagen sein. Es kommt darauf an, ob die Tat als beendet oder unbeendet gilt, und der Rücktritt muss freiwillig geschehen. Ein Fehlschlag liegt vor, wenn aus Sicht des Täters der Erfolg nicht mehr in unmittelbarem zeitlichen und räumlichen Zusammenhang herbeigeführt werden kann. Ein Versuch ist beendet, wenn der Täter alles getan zu haben glaubt, was zum Erfolgseintritt notwendig ist. Ansonsten spricht man von einem unbeendeten Versuch.

Die Freiwilligkeit liegt vor, wenn die Rücktrittsentscheidung nicht auf heteronomen (von außen kommenden), sondern auf autonomen Motiven beruht. Autonome Motive können Gewissensbisse, Reue, Mitleid mit dem Opfer, Angst vor Strafe oder auch die Scham sein.

ÜBER DEN AUTOR

Christian Klages ist seit 2007 als selbstständiger Rechtsanwalt tätig. Von 1999 bis 2004 studierte er Rechtswissenschaften an der Universität zu Köln und absolvierte anschließend ein Rechtsreferendariat am Kölner Landgericht. Er ist Mitgründer und Partner der Kanzlei KGK und widmet sich daneben seinen stetig wachsenden Social-Media-Kanälen mit dem Namen »So geht Recht« auf TikTok, Instagram und YouTube.

176 Seiten
10,00 € (D) | 10,30 € (A)
ISBN 978-3-7423-2078-0

Der Karriereguru (Tobias Jost)

Mission Traumjob

Mehr Spaß, mehr Geld, mehr Leben – so kriegst du den Job, der dich glücklich macht

Egal, ob du als Schüler:in oder Student:in noch am Anfang deiner Karriere stehst oder nach den ersten Jahren im Beruf noch einmal etwas ganz Neues wagen willst: Allein das richtige Mindset ist entscheidend.

Mit »Mission Traumjob« bekommst du die einmalige Möglichkeit herauszufinden, wer du wirklich bist, wo deine Stärken liegen und wie du sogar deine Schwächen für dich arbeiten lassen kannst. Neben der Arbeit an deiner persönlichen Weiterentwicklung hilft dir Tobias mit einfachen, aber effektiven Tools, Lösungsmöglichkeiten für unterschiedliche Karrieresituationen zu finden – von der Jobsuche über den Bewerbungsprozess bis hin zur Entwicklung eines starken Mindsets, mit dem du deine Unsicherheiten bei der Berufswahl oder Gehaltsverhandlungen erfolgreich meisterst.

Der unverzichtbare Ratgeber für ein glückliches (Berufs-)Leben!

riva

Auch als **E-Book** erhältlich

288 Seiten
16,99 € (D) | 17,50 € (A)
ISBN 978-3-7423-1348-5

Dr. Peter Boghossian
Dr. James Lindsay

Die Kunst, schwierige Gespräche zu meistern

Effektiv argumentieren, hitzige Diskussionen entschärfen und Gesprächspartner überzeugen

In den Zeiten von Trump, AfD und Social-Media-Shitstorms scheint es fast unmöglich geworden zu sein, ein vernünftiges Gespräch mit einem Gegenüber zu führen, das eine andere Meinung vertritt. Hitzige Debatten über kontroverse Themen führen oft zu Beschimpfungen und Schuldzuweisungen, was jede Möglichkeit eines produktiven Diskurses verhindert.

Die Kommunikationsexperten Dr. Peter Boghossian und Dr. James Lindsay zeigen originelle Wege auf, wie Sie effektiv diskutieren, schlichten, behutsam überzeugen und so konstruktive Diskussionen führen können – auch wenn die Geister gespalten sind. Die Autoren erklären, wie Sie auch mit dem stursten Gegenüber eine offene und gelungene Debatte führen können. Das unverzichtbare Handbuch für jeden, der ein Klima von Respekt, Verbundenheit und Empathie aufbauen und überzeugend auftreten will.